Demokratisierungsprozesse in der Schweiz im späten
18. und 19. Jahrhundert

Schriftenreihe der Internationalen Forschungsstelle
»Demokratische Bewegungen in Mitteleuropa 1770-1850«

Herausgegeben von Helmut Reinalter

Band 40

PETER LANG
Frankfurt am Main · Berlin · Bern · Bruxelles · New York · Oxford · Wien

Rolf Graber (Hrsg.)

Demokratisierungsprozesse in der Schweiz im späten 18. und 19. Jahrhundert

Forschungskolloquium im Rahmen
des Forschungsprojekts „Die demokratische
Bewegung in der Schweiz von 1770 bis 1870.
Eine kommentierte Quellenauswahl"

Unterstützt durch den FWF/Austrian Science Fund

PETER LANG
Internationaler Verlag der Wissenschaften

Bibliografische Information der Deutschen Nationalbibliothek
Die Deutsche Nationalbibliothek verzeichnet diese Publikation in
der Deutschen Nationalbibliografie; detaillierte bibliografische
Daten sind im Internet über <http://www.d-nb.de> abrufbar.

Gedruckt mit Förderung des Bundesministeriums
für Wissenschaft und Forschung in Wien.

Gedruckt auf alterungsbeständigem,
säurefreiem Papier.

ISSN 0937-4353
ISBN 978-3-631-56525-4
© Peter Lang GmbH
Internationaler Verlag der Wissenschaften
Frankfurt am Main 2008
Alle Rechte vorbehalten.

Das Werk einschließlich aller seiner Teile ist urheberrechtlich
geschützt. Jede Verwertung außerhalb der engen Grenzen des
Urheberrechtsgesetzes ist ohne Zustimmung des Verlages
unzulässig und strafbar. Das gilt insbesondere für
Vervielfältigungen, Übersetzungen, Mikroverfilmungen und die
Einspeicherung und Verarbeitung in elektronischen Systemen.

Printed in Germany 1 2 4 5 6 7

www.peterlang.de

Inhaltsverzeichnis

Vorwort... 7

Einleitung
Rolf Graber, „Kämpfe um Anerkennung": Bemerkungen zur neueren Demokratieforschung in der Schweiz...................................... 9

Beiträge
Fabian Brändle, Der Sutter-Handel in Appenzell Innerrhoden. Kontinuitäten vom Ancien Régime in die 1830er Jahre........................ 21

Bruno Wickli, Politische Kultur, politische Erfahrungen und der Durchbruch der modernen direkten Demokratie im Kanton St. Gallen (1831).. 35

Marco Arni, Politische Kultur – Schlüsselbegriff oder Blackbox bei der Erforschung der direkten Demokratie?................................. 67

René Roca, Die Entwicklung direktdemokratischer Strukturen am Beispiel des Kantons Luzern (1830–1848)................................ 77

Gerhard Kleiber, Die journalistische Tätigkeit F. A. Langes im Kanton Zürich 1866–1870: Voraussetzungen und Konsequenzen............. 85

Vorwort

Der vorliegende Band umfasst Vorträge, die an einem Forschungskolloquium vom 30. Oktober 2004 in Zürich gehalten wurden. Die Veranstaltung fand im Rahmen des von Professor Helmut Reinalter (Universität Innsbruck) initiierten Forschungsprojekts „Die demokratische Bewegung in der Schweiz 1770–1870. Eine kommentierte Quellenauswahl" statt und wurde vom Austrian Science Fund / FWF finanziell unterstützt. Ziel der Veranstaltung war es, jungen Nachwuchsforschern eine Diskussions- und Publikationsplattform zu geben und damit neue Ansätze zur Demokratieforschung in der Schweiz einem breiteren Publikum zugänglich zu machen. Ein besonderer Dank gilt den Leitern der Forschungsstelle für Sozial- und Wirtschaftsgeschichte an der Universität Zürich (Prof. Dr. Carlo Moos, Prof. Dr. Philipp Sarasin, Prof. Dr. Jakob Tanner) die dem Kolloquium in der Forschungsstelle Gastrecht gewährten. Ein Dank gilt auch der Projektassistentin Frau Dr. Doris Dialer für die umsichtige Mitarbeit bei der Vorbereitung und Durchführung der Tagung. Der Band umfasst eine Einleitung des Herausgebers und fünf Beiträge zu verschiedenen Aspekten der Demokratieentwicklung im 19. Jahrhundert. Wesentlich zum Gelingen haben auch diejenigen Teilnehmer und Teilnehmerinnen beigetragen, die durch Diskussionsvoten oder durch Beiträge, die sie nicht veröffentlicht wissen wollten, die Tagung bereichert haben.

Der Herausgeber   Rolf Graber

Einleitung

ROLF GRABER

„Kämpfe um Anerkennung": Bemerkungen zur neueren Demokratieforschung in der Schweiz

Die Geschichte der direktdemokratischen Institutionen in der Schweiz ist in jüngster Zeit Gegenstand vermehrter Forschungsanstrengungen geworden. Sie haben in verschiedener Hinsicht zu einem Perspektivwechsel beigetragen. Das in der älteren Geschichtsschreibung vorherrschende, modernisierungstheoretisch überformte, von einer deterministischen Geschichtslogik geprägte Entwicklungsmodell der direkten Demokratie wurde gründlich revidiert. Fünf Aspekte sollen hier kurz skizziert werden:

Erstens hat sich die Forschung verstärkt auf Kontinuitätslinien zwischen vormodernen politischen Organisations- und Praxisformen und den politischen Bewegungen des 19. Jahrhundert konzentriert. Neuere Arbeiten haben die Anschlussfähigkeit von Republikanismus, Kommunalismus und teilweise auch der Landsgemeindedemokratie oder wie sie im 18. Jahrhundert auch genannt wird, der „reinen Demokratie", an die Entwicklungen im 19. Jahrhundert betont. Die Ausmessung solcher Einflussfelder ist umso verlockender, als diese frühneuzeitlichen Politikkonzepte selbst Gegenstand vermehrter Forschungsanstrengungen geworden sind. Ich verweise hier auf die Arbeiten von Thomas Maissen[1], Simone Zurbuchen[2] und Daniel Tröhler[3] im Hinblick auf Ausprägungen eines frei-

---

[1] Thomas Maissen, Die Geburt der Republik. Staatsverständnis und Repräsentation in der frühneuzeitlichen Eidgenossenschaft. Göttingen 2006 (Historische Semantik 4); Thomas Maissen, Eine ‚Absolute, independente, souveraine und zugleich neutrale Republik.' Die Genese republikanischen Selbstverständnisses in der Schweiz des 17. Jahrhunderts, in: Michael Böhler, Etienne Hofmann, Peter H. Reill, Simone Zurbuchen (Hg.), Republikanische Tugend. Ausbildung eines Schweizer Nationalbewusstseins und Erziehung eines neuen Bürgers. 16. Kolloquium der Schweizerischen Akademie der Geistes- und Sozialwissenschaften, Genève 2000 (Travaux sur la Suisse des Lumières 2), S. 129–150; ders., Petrus Valkeniers republikanische Sendung. Die niederländische Prägung des neuzeitlichen schweizerischen Staatsverständnisses, in: Schweizerische Zeitschrift für Geschichte (1998), Nr. 48, S. 149–176.
[2] Simone Zurbuchen, Patriotismus und Nation: Der schweizerische Republikanismus des 18. Jahrhunderts, in: Dies., Patriotismus und Kosmopolitismus. Die Schweizer Aufklärung zwischen Tradition und Moderne, Zürich 2003, S. 71–97.
[3] Daniel Tröhler, Die vereinigten Niederlande und die Alte Eidgenossenschaft im 18. Jahrhundert. Der republikanische Tugenddiskurs in der Schweiz auf dem Hintergrund einer „commercial republic", MS 2000; ders., Kommerz und Patriotismus. Pestalozzis Weg vom

staatlichen Selbstverständnisses unter niederländischen Einflüssen und auf die postulierte Dynamik dieses Republikmodells im Spannungsfeld von Tugend und Kommerz.[4] In der zum liberal-individualistischen Traditionsstrang in Widerspruch stehenden gemeinwohlorientierten Bürgertugend wird ein wichtiges Entwicklungspotential und ein moralisches Korrektiv gesehen, das wiederum im Kommunitarismuskonzept[5] eine theoretische Verdichtung und Weiterentwicklung erfahren hat. Dieses politische Leitkonzept erweist sich wiederum als kompatibel mit der gemeindlich-genossenschaftlichen Autonomietradition, dem von Peter Blickle und seinen Schülern herausgearbeiteten alteuropäischen Organisationsmuster des Kommunalismus.[6] Barbara Weinmann hat in ihrer Arbeit versucht, Kommunalismus und klassischen Republikanismus zu verknüpfen und daraus einen spezifisch zürcherischen Entwicklungsweg zu einer anderen Bürgergesellschaft zu konstruieren.[7]

Schliesslich haben Andreas Suter[8] und seine Schüler[9] in ihren Arbeiten auf die ambivalente Bedeutung des Landsgemeindemodells für die Entwicklung der direkten Demokratie hingewiesen. Einerseits wird die Differenz zwischen vormoderner und moderner Demokratie betont: Die freien Landleute der alten Landsgemeindeorte betrachteten ihre politischen Partizipationsrechte als Privileg und sahen keinen Widerspruch darin, selbst Untertanenländer zu besitzen. Andrerseits nahmen sich gerade diese Untertanengebiete das Landsgemeindemodell zum Vorbild, als sie sich im politischen Frühling 1798 als selbständige

---

politischen zum christlichen Republikanismus. Schweizerische Zeitschrift für Geschichte 50 (2000), S. 325–352.

[4] Allgemein vgl. Herfried Münkler, Die Idee der Tugend. Ein politischer Leitbegriff im vorrevolutionären Europa, in: Archiv für Kulturgeschichte, 73. Jhrg. (1991), S. 379–403; John G. A Pocock, Die andere Bürgergesellschaft. Zur Dialektik von Tugend und Korruption. Aus dem Englischen von K. Blocher, New York, Frankfurt a. M. 1993; ders., The Machiavellian Moment. Florentin Political Thought and the Atlantic Republican Tradition, Princeton 1975.

[5] Axel Honneth (Hg.), Kommunitarismus. Eine Debatte über die moralischen Grundlagen moderner Gesellschaften, Frankfurt, New York 1993 (Theorie und Gesellschaft, Bd. 26).

[6] Peter Blickle, Kommunalismus, Parlamentarismus, Republikanismus, in: Historische Zeitschrift, 242 (1986), S. 529–556; ders., Kommunalismus: Skizzen einer gesellschaftlichen Organisationsform, 2 Bde., München 2000.

[7] Barbara Weinmann, Eine andere Bürgergesellschaft, Klassischer Republikanismus und Kommunalismus im Kanton Zürich im späten 18. und 19. Jahrhundert, Göttingen 2002 (Kritische Studien zur Geschichtswissenschaft, Bd. 153).

[8] Andreas Suter, „Direkte Demokratie – historische Reflexionen zu einer aktuellen Debatte", in: Benjamin Adler, Die Entstehung der direkten Demokratie. Das Beispiel der Landsgemeinde Schwyz 1789–1866, Zürich 2006, S. 217–278; ders., Vormoderne und moderne Demokratie in der Schweiz, in: Zeitschrift für Historische Forschung, Bd. 31, Berlin 2004, S. 231–254.

[9] Benjamin Adler, Die Entstehung der direkten Demokratie. Das Beispiel der Landsgemeinde Schwyz 1789–1866, Diss. Zürich 2006; Bruno Wickli, Politische Kultur und „reine Demokratie". Verfassungskämpfe und ländliche Volksbewegungen im Kanton St. Gallen 1814/15 und 1830/31, St. Gallen 2006 (St. Galler Kultur und Geschichte 35).

Republiken konstituierten, denen die helvetische Verfassung mit ihrem Repräsentativsystem aufgezwungen werden sollte.[10] Allerdings wurde dieser Schritt erst durch die Französische Revolution ermöglicht, die Befreiung aus dem Untertanenstatus konnte nur naturrechtlich legitimiert werden. In Bezug auf die Forderung nach mehr politischer Partizipation erweist sich das ursprüngliche Landsgemeindemodell für die Bewegungen im 19. Jahrhundert also durchaus als anschlussfähig, im Hinblick auf die Freiheitskonzeption besteht ein grundlegender Unterschied zwischen der vormodernen und der modernen Demokratie. Die Anschlussfähigkeit zeigt sich auch in semantischer Hinsicht, indem die Volksversammlungen in den 30er und 60er Jahren des 19. Jahrhunderts als Landsgemeinden deklariert werden, was nochmals auf die Attraktivität dieses Modells in der breiten Bevölkerung hinweist. Doch muss auch der durch die Französische Revolution markierte klare Bruch betont werden, erst dieser hat dazu geführt, dass Freiheit von der breiten Bevölkerung als allgemeines Grundrecht betrachtet wurde. Die von der älteren Geschichtsschreibung hergestellte Linie, die in der direkten Demokratie einfach eine organische Weiterentwicklung der Landsgemeindetradition sieht, erweist sich deshalb als ideologisches Konstrukt, das zutiefst fragwürdig ist.

Um eine Kontinuitätslinie geht es auch bei einem zweiten Problemkomplex. Die liberale Historiographie hat die Herausbildung der direkten Demokratie als konsequente Weiterentwicklung einer vom bürgerlichen Revolutionszyklus vorstrukturierten Entwicklungslinie gesehen. Es hat sich jedoch gezeigt, dass die Datenreihe 1798, 1830, 1848 nicht einfach bis 1874 verlängert werden kann. Martin Schaffner hat schon früh betont, dass kein direkter Weg von der repräsentativen zur direkten Demokratie führt.[11] Dadurch sind Ereignisse ins Blickfeld gerückt, die bis anhin nur wenig erforscht worden sind. Ich denke an die Proteste gegen die Helvetische Republik, an die Widersprüche innerhalb der li-

---

[10] Holger Böning, Revolution in der Schweiz. Das Ende der alten Eidgenossenschaft, die Helvetische Republik 1798–1803, Frankfurt a. M., Bern, New York 1985; ders., Der Traum von Freiheit und Gleichheit. Helvetische Revolution und Republik (1798.1803) – Die Schweiz auf dem Weg zur bürgerlichen Demokratie, Zürich 1998, S. 173 ff.; Rolf Graber, Die Einführung der Verfassung der Helvetischen Republik: Republikanismus der Eliten – Republikanismus des Volkes, in: Helmut Reinalter (Hg.), Republikbegriff und Republiken seit dem 18. Jahrhundert im europäischen Vergleich. Internationales Symposium zu österreichischen Millenium, Frankfurt a. M., Berlin, Bern, New York, Paris, Wien 1999 (Schriftenreihe der Internationalen Forschungsstelle ‚Demokratische Bewegungen in Mitteleuropa 1770–1850'), S. 101–119, bes. S. 111 f. Zu ähnlichen Entwicklungen im Jahr 1802 vgl. Oliver Zimmer, A Contested Nation. History, Memory and Nationalism in Switzerland, 1761–1891, Cambridge University Press 2003, S. 116 ff.

[11] Martin Schaffner, Die demokratische Bewegung der 1860er Jahre. Beschreibung und Erklärung der Zürcher Volksbewegung 1867, Basel, Frankfurt a. M. 1982 (Basler Beiträge zur Geschichtswissenschaft, Bd. 146), S. 15. Schon früher in Frage gestellt hat diese Linie: Eduard Fueter, Die Schweiz seit 1848. Geschichte, Wirtschaft, Politik, Zürich 1928.

beralen Bewegung die 1831 in sozialer wie in konzeptioneller Hinsicht zum Ausdruck kamen, an die Widerstände gegen die Regenerationsregierungen 1839–1841 und schliesslich an die demokratische Bewegung in den 60er Jahren des 19. Jahrhunderts. Zwar haben ältere Darstellungen wie diejenigen von Theodor Curti[12] und Gustav Vogt[13] die Rolle dieser Volksbewegungen durchaus gesehen, allerdings gehen sie von einem mythisch überhöhten Volksbegriff aus, der das Volk als politisches Subjekt verdinglicht und die Konfliktualität der Volksbewegungen ausblendet. Es ist zu beachten, dass diese Bewegungen immer auch durch Inklusionen und Exklusionen gekennzeichnet waren, zum Beispiel erachteten die meisten Demokraten des 19. Jahrhunderts den politischen Ausschluss der Frauen als selbstverständlich. Diese Ausschlüsse sind für den Forscher in doppelter Hinsicht interessant: Einerseits zeigen sie, dass die bürgerliche Gesellschaft als utopischer Entwurf immer mehr verspricht als sie einlösen kann, andrerseits entsteht daraus eine weiter treibende revolutionäre Dynamik, quasi ein Überschusspotential revolutionärer Erwartungen. Erst eine mikrohistorische Erforschung der sogenannten Volksbewegungen kann über die Orientierungsmuster, Denkhorizonte und Bewusstseinsstrukturen der verschiedenen Trägergruppen neue Aufschlüsse geben.[14] Ein Ernstnehmen der Vorstellungswelt der geschichtlichen Akteure vermag somit die Brüche und Inkohärenzen der historischen Entwicklung sowie die Offenheit der jeweiligen historischen Situation sichtbar zu machen. Die Entwicklung zu direktdemokratischen Formen ist deshalb nicht als unilinearer Prozess zu sehen, der zwangläufig zum vorgegebenen Ziel geführt hat. Eine differenzierte Analyse bringt nämlich zum Ausdruck, dass der eingeschlagene Modernisierungspfad jeweils sein Opfer forderte. Das Bewusstwerden von Ausgrenzung und Benachteiligung kann wiederum zu weiteren Demokratisierungsschritten führen. Die in diesem Band vorliegenden Beiträge befassen sich schwerpunktmässig mit Bewegungen die quer zum bürgerlichen Revolutionszyklus stehen und von der Geschichtsschreibung lange Zeit mit dem Attribut „konservativ" versehen wurden. Es zeigt sich jedoch, dass solche pauschalisierenden Urteile durch einen Fortschrittsbegriff geprägt sind, der äusserst fragwürdig ist. Wird die „soziale Logik"[15] dieser Protestbewegungen entschlüsselt, so kommt ihre eigentümliche Ambivalenz zum Vorschein.[16]

---

[12] Theodor Curti, Die Schweizerischen Volksrechte 1848–1900, Bern 1900.
[13] Gustav Vogt, Referendum, Veto und Initiative in den neueren schweizerischen Kantonsverfassungen. Zeitschrift gesamte Staatswissenschaft 29 (1873)
[14] Zu dieser Forderung vgl. Rolf Graber, Zur Bedeutung der Revolutionen von 1798 (Helvetische Revolution) und 1847/48 (Bundesstaatsgründung) für die Ausgestaltung des politischen Systems der modernen Schweiz, in: Heiner Timmermann (Hg.), 1848 – Revolution in Europa. Verlauf, politische Programme und Wirkungen (Dokumente und Schriften der Europäischen Akademie Otzenhausen, Bd. 87), Berlin 1999, S. 391–414.
[15] Das von Dieter Groh in Weiterentwicklung und Präzisierung des Ansatzes von Eduard P. Thompson entwickelte Paradigma geht von der Voraussetzung aus, dass das Protesthandeln der Akteure nicht einfach irrational ist, sondern aus einem „rationalen Regelwerk an hand-

EINLEITUNG: „KÄMPFE UM ANERKENNUNG" 13

Ein dritter Aspekt ist zu erwähnen: Sowohl die Perspektive einer historischen Kontinuität frühmoderner Formen politischer Praxis wie auch die Aufwertung autochthoner Demokratietraditionen haben zu einer anderen Wertung der durch die atlantischen Revolutionen vorgegebenen, ausländischen, das heisst vor allem französischen Einflüsse, auf die Schweiz geführt, obwohl diese immer noch als bedeutsam eingestuft werden[17] Martin Schaffner hat zum Beispiel in Übernahme des Konzepts des Historikers Pierre Rosanvallon vorgeschlagen, jene Phasen, in denen sich neue politische und soziale Rationalitäten herausbildeten, als „historische Knoten" zu bezeichnen. Als Beispiele nennt er die Helvetische Revolution von 1798, die in mehreren Kantonen durchgeführten Verfassungsrevisionsbewegungen von 1830/31 und die Demokratische Bewegung in den Sechzigerjahren. In zwei von diesen Zeitabschnitten verknüpfen sich nationalgeschichtlich bedeutsame Vorgänge mit dem Strang der französischen und damit der Weltgeschichte, indem sich makrogeschichtliche Entwicklungen und mikrogeschichtlich-lokale Perspektiven überschneiden.[18] Besonders der Helvetik kommt im Transformationsprozess von der alten zur neuen Freiheit eine wichtige Brückenfunktion zu. Allerdings wird die Bedeutung dieser Phase für die Demokratieentwicklung immer noch zu wenig gewürdigt. Barbara Weinmann zeichnet in ihrer Arbeit das Bild eines positiven Sonderfalls Schweiz, der Modernisierungsschub der Helvetik, die ambivalente Bedeutung der Widerstandsbewegungen zu Beginn der Mediationszeit, die Einflüsse des französischen Verfassungsdenkens, die französischen Ursprünge direktdemokratischer Instrumente spielen in diesem spezifisch zürcherischen Weg zu einer andern Bürgergesellschaft kaum eine Rolle, den schweizerischen Traditionssträngen wird eindeutig mehr Gewicht bei der Ausgestaltung des politischen Systems und der modernen Verfassungswirk-

---

lungsleitenden Normen und verhaltensleitenden Werten (besteht), die jeweils in einem spezifischen historischen und sozialen Kontext und in einem kulturellen Milieu Geltung haben." Vgl. Edward P. Thompson, Die „moralische Ökonomie" der englischen Unterschichten im 18. Jahrhundert: in: Ders., Plebeische (!) Kultur und moralische Ökonomie. Aufsätze zur englischen Sozialgeschichte im 18. und 19. Jahrhundert. Ausgewählt und eingeleitet von Dieter Groh. Übers. Von Günther Lottes, Frankfurt a. M., Berlin, Wien 1980, S. 67–130, bes. S. 124 f.; Dieter Groh, Anthropologische Dimensionen der Geschichte, Frankfurt a. M. 1992 (Suhrkamp-Taschenbuch Wissenschaft, 992), S. 42–53, bes. S. 43.

[16] Für die Zeit der Helvetik vgl. etwa Rolf Graber, Die Protestbewegungen zur Zeit der Helvetik und das Projekt der Moderne: zur ambivalenten Bedeutung der Helvetik für die Entstehung der modernen Schweiz, in: Helmut Reinalter, Anton Pelinka (Hg.), Die Französische Revolution und das Projekt der Moderne, Wien 2002 (Vergleichende Gesellschaftsgeschichte und politische Ideengeschichte der Neuzeit, Bd. 14), S. 73–88, bes. S. 75 ff.

[17] Martin Schaffner, Direkte Demokratie „Alles für das Volk – alles durch das Volk", in: Manfred Hettling, Mario König, Martin Schaffner, Andreas Suter, Jakob Tanner, Eine kleine Geschichte der Schweiz. Der Bundesstaat und seine Traditionen, Frankfurt a. M. 1998 (Edition Suhrkamp 2079), S. 192 f.

[18] Ebd., S. 192.

lichkeit zugemessen.[19] So wichtig die Einflüsse der vormodernen Demokratie für die Entstehung der direkten Demokratie in der Schweiz auch sind, so sollte bei der beeindruckenden und stringenten Argumentationsführung, neben der Dynamisierung des städtischen Republikanismus und der Weiterentwicklung der genossenschaftlich-gemeindlichen Autonomietradition, die katalytische Wirkung der Französischen Revolution und insbesondere die Bedeutung der kurzen, aber innovationsreichen Phase der Helvetischen Republik für die Demokratieentwicklung nicht übersehen werden.

Konterkariert werden solche Strömungen allerdings durch rechtsgeschichtliche Arbeiten von Alfred Kölz und seinen Schülern, welche immer wieder auf die Einflüsse der französischen Staatsrechtslehre und die Vorbildfunktion der französischen Verfassungsentwicklung 1791 bis 1794 hingewiesen haben. Sie vermögen nachzuweisen, dass das Verfassungsdenken von Ludwig Snell, Thomas Bornhauser, Joachim Leonz Eder und anderer Vordenker der Regenerationsbewegung stark von französischen Einflüssen geprägt war.[20] Zudem wird evident, dass diese Theoretiker teilweise über die repräsentative Demokratie hinausgehen wollten und parallel zu intensivierten Volksbildungsbestrebungen eine Erweiterung der Souveränitätsrechte ins Auge fassten. Zu ähnlichen Resultaten kommen Arbeiten zu einzelnen Exponenten der „Demokratischen Bewegung" der 1860er Jahre. So hat etwa Hans Ulrich Schiedt in seiner Studie über Karl Bürkli aufgezeigt, dass dessen Engagement für die direkte Demokratie nicht schweizerischen, sondern primär französischen Einflüssen zu verdanken ist. Er knüpft vor allem an Moritz Rittinghausen und Victor Considérant an, die mit ihren Rekursen auf die Volkssouveränität implizit Konzepte der Französischen Revolution aufnehmen. Auf die schweizerische Entwicklung, die Vetobewegungen der 1830er Jahre, verweist Bürkli unter dem Einfluss der Geschichtsschreibung Theodor Curtis erst in der Retrospektive.[21] Der Weg vom Volksveto der 30er Jahre zum Gesetzesreferendum, das in den 1860er Jahren auf

---

[19] Barbara Weinmann, Eine andere Bürgergesellschaft. Klassischer Republikanismus und Kommunalismus im Kanton Zürich im späten 18. und 19. Jahrhundert, Göttingen 2002 (Kritische Studien zur Geschichtswissenschaft, Bd. 153), S. 155 ff.
[20] Alfred Kölz, Der Verfassungsentwurf von Ludwig Snell als Quelle der Regenerationsverfassungen, in: Ders., Der Weg der Schweiz zum modernen Bundesstaat, Historische Abhandlungen, Zürich, Chur 1998, S. 171–192; ders., Die Bedeutung der Französischen Revolution, in: Andreas Auer (Hg.), Les origines de la démocratie directe en Suisse / Die Ursprünge der schweizerischen direkten Demokratie, Basel, Frankfurt a. M. 1996, S. 105–116; ders., Die Wurzeln der schweizerischen direkten Demokratie in der französischen und der amerikanischen Revolution, in: Ders., Der Weg der Schweiz zum modernen Bundesstaat. Historische Abhandlungen, Zürich 1998, S. 37–46.; ders., Neuere Schweizerische Verfassungsgeschichte. Ihre Grundlinien vom Ende der Alten Eidgenossenschaft bis 1848, Bern 1992.
[21] Hans-Ulrich Schiedt, Die Welt neu erfinden. Karl Bürkli (1823–1901) und seine Schriften, Zürich 2002, S. 242 ff.; vgl. auch Alfred Kölz, Die Wurzeln der schweizerischen direkten Demokratie in der französischen und amerikanischen Revolution, S. 43.

Druck der „Demokratischen Bewegung" in den Verfassungen verankert wird, verläuft also nicht so direkt, wie das in neueren Forschungen mitunter gesehen wird. Auch hier sind Kontinuitäten und Brüche festzustellen.

Solche Beobachtungen sollten immerhin dazu führen, auch die exogenen Einflüsse auf die Entwicklung der direkten Demokratie neu zu überdenken und diese auf der Diskurs- und Handlungsebene entsprechend zu gewichten, allerdings immer im Bewusstsein, dass erst eine Verschmelzung von vormoderner und moderner Demokratiekonzeption zur spezifisch schweizerischen Form der direkten Demokratie geführt hat.

Dadurch stellt sich viertens die Frage, wie es überhaupt zu Synthese von alter und neuer Freiheit gekommen ist, in der gleichsam im hegelschen Sinne beide Elemente „aufgehoben" sind. Die Überlagerung altrechtlicher durch naturrechtliche Argumentationsmuster wird erst durch einen Bruch mit der vormodernen Demokratie- und Freiheitskonzeption möglich, der wiederum auf Lernprozesse und einen Bewusstseinswandel in der breiten Bevölkerung zurückzuführen ist. Eingeleitet werden diese Prozesse wiederum durch exogene Einflüsse, nämlich die Rezeption von Aufklärung und Französischer Revolution durch nichtliterate Bevölkerungsschichten. Erst die Erweiterung des Kommunikationsfeldes[22] der kleinen Leute führt zu neuen Bewusstseinshorizonten und Erwartungshaltungen. Wichtig für diesen Prozess ist die Entstehung einer politischen Öffentlichkeit, welche die Diskursebene der bürgerlichen Öffentlichkeit überschreitet und zur subversiven Wissensaneignung von unten führt. Die neu entstehende plebejische Öffentlichkeit[23], mit ihren spezifischen Kommunikations- und Interaktionsformen wird zu einer wichtigen Konstituente der Protestbewegungen, die dadurch ein basisdemokratisches Potential enthalten. Die Träger dieser plebejischen Öffentlichkeit, die im Gegensatz zur bürgerlichen Öffentlichkeit auch die Produktionsöffentlichkeit miteinbezieht[24], bilden die Handels- und Kommunikationsnetze der ländlichen Gewerbetreibenden der Protoindustrie und der protoagrarkapitalistischen Wachstumssektoren. Krämer, Hausierer, Garnträger, Vieh-, Kä-

---

[22] Christoph Guggenbühl, ‚Redewut' und ‚Presseflut'. Kommunikationsstrukturen in der helvetischen Revolution, in: Kurt Imhof, Peter Schulz (Hg.), Kommunikation und Revolution, Zürich 1998 (Reihe Mediensymposium Luzern, Bd. 3). S. 153–170; Holger Böning, Die Einbeziehung des Volkes in die öffentliche Kommunikation am Ende des 18. Jahrhunderts, in: Imhof, Schulz, Kommunikation und Revolution, S. 35–45.

[23] Zum Begriff vgl. Hans Medick, Plebejische Kultur, plebejische Öffentlichkeit, plebejische Ökonomie. Über Erfahrungen und Verhaltensweisen Besitzarmer und Besitzloser in der Übergangsphase zum Kapitalismus, in: Robert M. Berdahl, Alf Lüdtke (Hg.), Klassen und Kultur. Sozialanthropologische Perspektiven der Geschichtsschreibung, Frankfurt a. M. 1982, S. 157–204, bes. S. 162 ff.

[24] Zur Ausgrenzung des Erfahrungsraumes der Produktionsöffentlichkeit im Konzept der bürgerlichen Öffentlichkeit: Oskar Negt, Alexander Kluge, Öffentlichkeit und Erfahrung. Zur Organisationsanalyse von bürgerlicher und proletarischer Öffentlichkeit, Frankfurt a. M. 1972, S. 10 f.

se- und Butterhändler bringen Nachrichten in die entlegensten Dörfer und tragen zur politischen Horizonterweiterung bei. Exemplarisch für diese Lernprozesse ist etwa der Schuhmacher Johann Jakob Willi. Er ist Anführer des gescheiterten Volksaufstandes von 1804, der sich sowohl gegen den Abbau neu gewonnener Freiheiten und Mitwirkungsrechte der Bevölkerung als auch gegen die Wiedereinführung materieller Belastungen wie Zehnten und Grundzinsen richtet. Kurz vor der drohenden Hinrichtung versucht ein Geistlicher dem Delinquenten mit besserwisserischer Eloquenz die Unrechtmässigkeit seines Verhaltens aufzuzeigen. Er wirft ihm vor, der rechtmässig gewählten Regierung den Gehorsam aufgekündigt, diese beschimpft und die Waffen gegen sie ergriffen zu haben. Völlig unerwartet für den gelehrten Gesprächspartner verteidigt sich der Angeschuldigte mit den Worten: „Aber wir leben unter keinem Monarch. Wir sind, so sagt man, allenthalben, freye, unabhängige Schweitzer." Der Geistliche, den die trotzige Antwort wohl überrascht, fragt seinen Gesprächspartner, ob er den Unterschied zwischen einer monarchischen und einer republikanischen Regierung angeben könne. „Ja freylich", antwortet Willi spontan, „in der monarchischen Regierung herrscht ein Potentat und in einer republikanischen Regierung herrscht das Volk. Da hat das Volk zu befehlen (…) wenn man das Volk nicht hört, so ist die Regierung tyrannisch."[25] Willi ist ein Beispiel für jene Unterschichtenangehörigen, die durch Kontakt mit den Auswirkungen der Französischen Revolution – der Verurteilte war als Söldner einige Jahre im Ausland – sowie durch Selbstbildung ihren Wissenshorizont erweitert haben und ihre eigenen Vorstellungen von politischer Partizipation des Volkes entwickeln. Diese Erfahrungen bewirken Mentalitätsänderungen und lassen diese Personen als eigenständige politische Akteure mit bestimmten Erwartungen auftreten. Durch den „Eigen-Sinn"[26] ihrer Aktionen sind sie nicht nur Opfer alles determinierender Strukturen, sondern können die politische Entwicklung wenigstens teilweise mitgestalten.

Zum Schluss möchte ich noch auf einen fünften Problemkomplex hinweisen. Neuere Forschungen haben immer wieder auf die Vielfalt der Forderungen materieller Art in den Postulatskatalogen hingewiesen, staatsrechtliche Postulate und materielle Anliegen verbinden sich nicht nur in textueller Hinsicht, sie prägen auch das Bewusstsein der Akteure vieler Protestbewegungen.[27] Dieser –

---

[25] Jakob Cramer, Leben und Ende Hans Jakob Willis von Horgen und Jakob Kleiners ab der Egg im Schönenberg (Beiträge zu nähern Kenntnis des Menschen in Lebensbeschreibungen hingerichteter Missethäter, Drittes Heft), Zürich 1804, S. 23 ff.; zum Gespräch zwischen Willi und Cramer und zur Gesprächssituation vgl. auch Carlo Moos, Abbild der Schweiz? Zürich zwischen Revolution und Nationsbildung, in: Zürich 650 Jahre eidgenössisch, hg. v. Staatsarchiv des Kantons Zürich und von der Zentralbibliothek Zürich, Zürich 2001, S. 90–125, bes. S. 99.

[26] Zum Begriff Alf Lüdtke, Eigen-Sinn. Fabrikalltag, Arbeitserfahrungen und Politik vom Kaiserreich bis in den Faschismus. Ergebnisse, Hamburg 1993.

[27] Schaffner, Direkte Demokratie, S. 202.

nach meiner Ansicht zu wenig beachteten – Verbindung fundamentaldemokratischer und materieller Interessen möchte ich noch einige Bemerkungen widmen. Ein erstes Zusammentreffen politischer und materieller Erwartungen zeigt sich in der Zeit der Helvetik. Unter dem Einfluss der Französischen Revolution verbinden sich Freiheit und Gleichheit im Bewusstsein der Unterschichten, Gleichheit wird auch als soziale Gleichheit interpretiert. Zahlreich sind die Quellenhinweise, die von „Aufteilung der Güter", von „Teilung des Staatsschatzes", von „Umverteilung der Reichtums" sprechen, in der Vorstellungswelt der kleinen Leute wird die Helvetik zur „Zeit des Teilens."[28] Im Rheintal suchen sich die Tauner im politischen Frühling 1798 bereits einen Grossbauern aus, mit dem sie ihren Besitz teilen könnten.[29] Durch das inhärente soziale Forderungspotential erhalten die Unterschichtenproteste eine neue Qualität. Auch zeitgenössischen Analytikern der bürgerlichen Gesellschaft ist diese Entwicklung aufgefallen. Immanuel Kant konstatiert angesichts dieses neuen Protestsyndroms, dass das Ganze der bürgerlichen Gesellschaft mit einem aufsässigen Pöbel konfrontiert sei, der gleichsam als Negation zum bürgerlichen Ganzen auftrete. Im „rottierenden Pöbel", wie er sich ausdrückt, erblickt er eine Gefahr, und deckt damit zugleich die Dichotomie der gesellschaftlichen Entwicklung auf.[30] Georg Friedrich Wilhelm Hegel stellt fest, dass die Armut noch keinen Pöbel ausmache, sondern erst die damit verknüpfte Gesinnung, die „Empörung gegen die Reichen", die das „Böse im Pöbel" entstehen lasse.[31] Diese spezifische Gesin-

---

[28] Für Quellenhinweise siehe Rolf Graber, Zeit des Teilens. Volksbewegungen und Volksunruhen auf der Zürcher Landschaft 1794–1804, Zürich 2003, S. 171 ff.
[29] Max Baumann, Menschen und Alltag. Turbulente 1790er Jahre und das Ende der Frühen Neuzeit, in: Sankt Galler Geschichte, Bd. 4: Frühe Neuzeit: Bevölkerung, Kultur, St Gallen 2003, S. 95 ff. „Aus dem Werdenberg sind beispielsweise drei Männer namentlich überliefert, die sich beim Landschreiber, „die allgemeine Teilung betreffend", anmeldeten, „jeder hatte schon den Bauern ausgewählt, mit dem er Teilen wollte." Ebd.
[30] Immanuel Kant, Anthropologie in pragmatischer Hinsicht abgefasst, in: Ders., Werke, Bd. VIII, hg. v. O. Schöndörffer, Berlin 1922, S. 1–228, bes. S. 204 f., zit. nach Arno Herzig, Unterschichtenprotest in Deutschland 1790–1870, Göttingen 1988 (Kleine Vandenhoeck-Reihe 1534), S. 13; vgl. auch Wolfgang Kaschuba, Revolution als Spiegel. Reflexe der Französischen Revolution in deutscher Öffentlichkeit und Alltagskultur um 1800, in: Holger Böning (Hg.), Französische Revolution und deutsche Öffentlichkeit. Wandlungen in Presse- und Alltagskultur am Ende des achtzehnten Jahrhunderts, München, New York, London, Paris 1992 (Deutsche Presseforschung, Bd. 28), S. 381–398, bes. S. 394.
[31] Georg Friedrich Wilhelm Hegel, Grundlinien der Philosophie des Rechts oder Naturrecht und Staatswissenschaft im Grundrisse. Mit Hegels eigenhändigen Notizen und den mündlichen Zusätzen (1821), Frankfurt a. M. 1976 (Suhrkamp-Taschenbuch Wissenschaft, 145), S. 389 (§ 244 Zusatz). Zum Kontext: Sidonia Blättler, Der Pöbel, die Frauen etc. Die Massen in der politischen Philosophie des 19. Jahrhunderts, Berlin 1995 (Politische Ideen, Bd. 3), S. 19 ff.; zur Wahrnehmung der neuen Qualität revolutionären Denkens und Handelns durch Kant und Hegel vgl. auch Kurt Lenk, Theorien der Revolution, München 1981 (UTB 165), S. 21.

nung führt er wiederum auf den Umstand zurück, dass der Pöbel die Ehre nicht hätte, seine Subsistenz durch Arbeit zu finden, und doch seine Subsistenz zu finden, als sein Recht anspreche. Für die bürgerlichen Beobachter erhält diese neue Verhaltensweise der Unterschichten, die Einforderung des Existenzrechts[32], eine gefährliche politische Dimension. Obwohl die soziale Dichotomie in der Schweiz durch die Herausbildung eines breiteren Mittelstandes nicht diejenigen Ausmasse annimmt wie im Ausland, spielt die materielle Komponente in den Widerstands- und Protestbewegungen des 19. Jahrhunderts eine markante Rolle. Allerdings erhält das im Bewusstsein der Unterschichten erfolgte Zusammentreten von Freiheit und Gleichheit immer eine Dimension, die über die materielle Komponente hinausreicht. Die Betroffenen fühlen sich gleichsam in sozialer und politischer Hinsicht diskriminiert. Für die in dieser Weise Ausgegrenzten geht es darum, als Menschen ernst genommen zu werden, es ist ein Kampf um Anerkennung. Bei diesem Kampf geht es um Akzeptanz im umfassenden Sinne. Er präsentiert sich als Verschränkung von Forderungen nach politischer Partizipation und sozialer Emanzipation. In dieser Gemengelage stellen die Protestbewegungen während der Zeit der Helvetik ein wesentliches Demokratisierungspotential dar. Aber nicht nur in der Zeit der Helvetik, sondern auch in den grossen Volksversammlungen der Regenerationsepoche kommt dieses Potential wieder zum Ausdruck. Einige Beispiele zur Entwicklung im Kanton Zürich sollen dies illustrieren. So erntet etwa 1830, bei der Versammlung von Uster, derjenige Redner den grössten Beifall, der die sozialen Anliegen thematisiert, sodass ein Beobachter feststellen muss, dass die Menge fanatisiert nach Hause kehre und das Volk nun dahin geleitet worden sei, wo es unbefriedigt nicht mehr zurückkehre. Von der Grenze des gesetzlichen Gehorsams, vom Tiger der Anarchie, der entfesselt worden sei, ist bei bürgerlichen Beobachtern der Ereignisse die Rede.[33] Dies zeigt nicht nur, dass erst die Dynamik der sozialen Kämpfe diesen Bewegungen zum Durchbruch verhilft, sondern auch, dass Erwartungen entstanden sind, die von den Führern nicht befriedigt werden können. Das gleiche gilt für den „Septemberputsch", den Sturz der Zürcher Regenerationsregierung im Jahr 1839. Es sind wieder die verarmten Menschen aus den Heimindustriegebieten, die der Putschregierung zum Durchbruch verhelfen, und

---

[32] Ahlrich Meyer, Massenarmut und Existenzrecht. Geschichte der sozialen Bewegungen 189–1848, in: Ders., Die Logik der Revolten. Studien zur Sozialgeschichte 1789–1848, Berlin, Hamburg 1999.

[33] Hinweise bei: Dölf Wild, Die ersten Jahre der liberalen Demokratie in Zürich oder: Probleme mit dem Volk 1830–1848, in: Silvia Ferrari (Hg.), Auf wen schoss Wilhelm Tell? Beiträge zur Ideologiegeschichte der Schweiz, Zürich 1991, S. 103–120, bes. S. 107 f.; Albert Tanner, ‚Alles für das Volk'. Die liberalen Bewegungen von 1830/31, in: Thomas Hildbrand, Albert Tanner (Hg.), Im Zeichen der Revolution. Der Weg zum schweizerischen Bundesstaat 1798–1848. Eine Publikation der Volkshochschule des Kantons Zürich, Zürich 1997, S. 51–74, bes. S. 52.

in deren Denken sich materielle Forderungen und direktdemokratische Anliegen (Veto nach St. Galler Muster) verbinden. Viele tragen beim Demonstrationszug in die Stadt einen leeren Sack auf dem Rücken, um bei der erwarteten Umverteilung auch etwas vom städtischen Reichtum abzubekommen. Erst das Überlaufen der „zur Sicherung des Eigentums" aufgestellten städtischen Bürgerwache zu den Putschisten und das Eintreffen „militärisch geordneter, wohlgekleideter Verstärkungen" aus der Seegegend bewirken, dass die Plünderungen unterbleiben und die Situation im Sinne der konservativen Führer stabilisiert werden kann.[34] Auch im Winter 1867/68 ist es die durch die Krise verursachte soziale Not, welche der Demokratischen Bewegung zum Durchbruch verhilft.[35] Die Motivation zur Teilnahme an den Protestversammlungen und die Forderungen nach politischer Veränderung sind an die Hoffnung auf Verbesserung der sozialen Lage gekoppelt. Der Forderungskataloge enthalten deshalb wiederum materielle und direktdemokratische Anliegen. Wenn auch die Massenbasis der Bewegungen der 60er Jahre eher aus den Mittelschichten besteht, was deren politische Partizipationschancen erweitert und gleichzeitig zu ihrer Integration in den bürgerlichen Staat beiträgt, also primär eine systemstabilisierende Wirkung erzielt wird, sollte die soziale Sprengkraft im Kampf gegen die „technologische Gewalt"[36] der sich durchsetzenden liberal-kapitalistischen Gesellschaft nicht übersehen werden.

Die Beobachtungen zeigen, dass die eigentümliche Mischung von politischer Enttäuschung, materiellen Erwartungen und der Erschütterung traditional verfasster Bindungen und Beziehungsgeflechte ein überschiessendes Potential enthält, das eine Erweiterung der Anerkennungsbeziehungen in sozialer und politischer Hinsicht intendiert. Axel Honneth sieht deshalb in diesem Kampf um Anerkennung nicht nur ein Erklärungsmuster zur Deutung der Grammatik sozialer Kämpfe, sondern auch den Interpretationsrahmen für einen moralischen Bildungsprozess der Menschheit.[37] Im Kontext einer solchen gesellschaftstheoretischen Interpretation wäre dann die Erweiterung der Anerkennungsbeziehungen

---

[34] Zu den Quellenzitaten vgl. Karl Dändliker, Geschichte der Stadt und des Kantons Zürich, Bd. 3: Von 1712 bis zur Gegenwart, Zürich 1912, S. 321 ff.; allgemein zum „Züriputsch" Walter Zimmermann, Geschichte des Kantons Zürich vom 6. September 1839 bis 3. April 1845, Zürich 1916 (Schweizer Studien zur Geschichtswissenschaft, Bd. 8); Züriputsch. 6. September 1839. Sieg einer gerechten Sache oder Septemberschande? Eine Publikation der Antiquarischen Gesellschaft Pfäffikon und der Paul Kläui Bibliothek Uster, Wetzikon, 1989.
[35] Schiedt, Die Welt neu erfinden, S. 215 f. Zur sozialen Ausrichtung der demokratischen Bewegung: Peter Gilg, Die Entstehung der demokratischen Bewegung und die soziale Frage. Die sozialen Ideen und Postulate der deutschschweizerischen Demokraten in den früheren 60er Jahren des 19. Jahrhunderts, Affoltern 1951.
[36] Zum Begriff: Detlef Hartmann, Die Alternative: Leben als Sabotage. Zur Krise der technologischen Gewalt, Tübingen 1981.
[37] Axel Honneth, Kampf um Anerkennung. Zur moralischen Grammatik sozialer Konflikte. Mit einem Nachwort, erweiterte Ausgabe, Frankfurt a. M. 2003 (2) Erstausgabe 1994.

als übergreifender gesellschaftlicher Entwicklungsprozess zu deuten, gleichsam als Möglichkeit moralischer Lernschritte, bei denen der gleichzeitige Kampf um politische Partizipation und soziale Gerechtigkeit zu einem wichtigen Antriebsmoment wird.[38] Eine solche Perspektive im Weltmassstab weist jedoch über die Zielutopie einer bürgerlichen Gesellschaft hinaus, sie müsste eine Wirtschafts- und Gesellschaftsordnung transzendieren, die zunehmend soziale Ungleichheit produziert. Ein Nachdenken über diese Zusammenhänge wäre auch für die Demokratieforschung von dringender Relevanz.

---

[38] An die Anerkennungslehre in Hegels Jenaer Realphilosophie, die Ausgangspunkt für Axel Honneths Überlegungen ist, knüpft auch Frantz Fanon an, der die Unterdrückungserfahrungen der afrikanischen Bevölkerung interpretiert. Vgl. Honneth, S: 256; ferner Frantz Fanon, Die Verdammten dieser Erde. Vorwort von Jean Paul Sartre, Reinbek bei Hamburg 1969.

FABIAN BRÄNDLE

Der Sutter-Handel in Appenzell Innerrhoden
Kontinuitäten vom Ancien Régime in die 1830er Jahre

Der sogenannte Sutter-Handel ist der letzte grosse Landsgemeindekonflikt des Ancien Régime. In aller Kürze[1]: Im Jahre 1760 wurde Johann Anton Sutter von der Appenzell Innerrhoder Landsgemeinde in einer stürmisch verlaufenden Wahl zum Landvogt über das St. Galler Rheintal gekürt. Der Gontener Badewirt setzte sich in der Wahl gegen jene ressourcenstarken Oligarchen durch, die ihr Geld im Militärunternehmertum sowie im Kredithandel verdienten. Sein träfer Witz, seine Eloquenz und seine Grosszügigkeit sowie seine Agitation gegen den Wucherzins hatten ihm zum prestigereichen und lukrativen Amt verholfen, Eigenschaften also, die tief in der appenzellischen Volkskultur verwurzelt waren und sind. Als Badewirt pflegte er wohl auch minderbemittelte Gäste. Das gesellige Wesen schrieb sich gleichsam in Sutters Körper ein. Sutter hatte stets rote Wangen sowie einen zünftigen Bauch. „Seppli", wie ihn seine Anhänger zeitlebens nannten, war also der Vertreter der popularen Opposition, die sich in Appenzell Innerrhoden wie anderswo schon lange formiert hatte und periodisch von sich reden machte, so im Jahre 1716, als sie nach ebenfalls stürmisch verlaufenen Landsgemeinden den „Geheimen Rat", ein Gremium oligarchischer Arkanpolitik, abschaffte und dessen Mitglieder zur Rechenschaft zog.

Im späteren 18. Jahrhundert polarisierte sich der Gegensatz zwischen arm und reich weiter.[2] In seiner Agitation gegen den Wucherzins stellte Sutter ganz im Sinne der Opponenten eine der oligarchischen Herrschaftsgrundlagen fundamental in Frage. Nach seiner von zahlreichen Konflikten mit den Untertanen gekennzeichneten Amtszeit als Landvogt wählten ihn die Landleute 1762 zum Landammann. Sutter verschuldete sich, um die Ausgaben dieses Honoratiorenamtes bewältigen zu können. Eine verfassungsmässige Eigentümlichkeit Appenzell Innerrhodens verhinderte indessen tiefschürfende Reformen, wie sie die Opponenten erträumt und von Sutter insgeheim gefordert hatten. Der Landammann regierte nämlich nur ein Jahr, dann wurde er für ein weiteres Jahr zum „stillstehenden Landammann". Sutter wechselte sich im Amt mit seinem Tod-

---

[1] Das Standardwerk zum Sutterhandel ist die quellennahe, akribische Darstellung von Max Triet, Der Sutterhandel in Appenzell Innerrhoden 1760–1829, Appenzell 1977. Auf das Werk Triets und eigene Quellenarbeit stütze ich mich in Fabian Brändle, Demokratie und Charisma: Fünf Landsgemeindekonflikte im 18. Jahrhundert, Typoskript 2002 (erscheint im Chronos Verlag Zürich, Herbst 2005). Sehr nützlich ist nach wie vor Karl Steuble, Beiträge zur Bibliographie des Sutterhandels, in: Beiträge zur innerrhodischen Geschichte 1 (1949), S. 1–14.
[2] Vgl. grundlegend die historisch demographisch argumentierende Arbeit von Markus Schürmann, Bevölkerung, Wirtschaft und Gesellschaft in Appenzell Innerrhoden im 18. und frühen 19. Jahrhundert, Appenzell 1974.

feind, dem Oligarchen Johann Jakob Geiger ab. Dieser würgte Reformversuche im Ansatz ab. Im Gegensatz zu anderen Landsgemeindekonflikten gelang es Sutter auch nicht, die verschiedenen Ratsgremien von seinen Feinden zu säubern.[3] Diese verblieben fest in den Händen der Oligarchie.

In den Jahren 1771 und 1772 kämpfte Sutter mehr oder weniger erfolglos gegen eine grausame Hungersnot[4], und schon vorher hatte er sich in einen langjährigen, aufreibenden Rechtsstreit um die Alp Sämtis verrannt, der schliesslich zugunsten der gegnerischen Partei, Rheintaler Untertanen, ausging. Die Oligarchen handelten umgehend, als sie vom entsprechenden Tagsatzungsbeschluss erfuhren. Zwar kam es zu einem nicht gänzlich gewaltfreien prosuterischen Auflauf, zwar verlief die Landsgemeinde von 1775 unruhig, doch verblieb Sutter nur die Flucht. Von Konstanz aus, wo er sich unter kaiserlicher Obhut bald einen Namen machte und sogar eine kleine Fabrik betrieb, schrieb er zwei Bittschreiben an die Obrigkeit, sich vor einer Landsgemeinde verteidigen zu dürfen. Das zweite Schreiben löste die so genannte „Gontener Verschwörung" aus, die jedoch unter Einsatz von Truppen unterdrückt werden konnte. Trotz der obrigkeitlichen Repression bekannten sich immer noch sehr viele Landleute zu Sutter. Im Jahre 1784 entschloss sich die Obrigkeit daher zum schnöden Verrat. Sutter wurde nach Oberegg gelockt mit der Aussicht auf Verteidigung vor einer Landsgemeinde, dort aber umgehend verhaftet und nach Appenzell gebracht, wo er nach Kerker und Folter noch im Jahre 1784 hingerichtet wurde. Unter anderem wurde ihm angedichtet, eine Invasion geplant zu haben.

Wie gestaltete sich nun sein Nachleben, seine Memoria?

Bereits im Hinrichtungsjahr 1784 erschienen die drei ersten einer ganzen Reihe von Flugschriften, die sich mit der Rechtmässigkeit des Todesurteils beschäftigten. Im „Sendschreiben an die Welt aus dem Reiche der Todten", das alleine insgesamt viermal aufgelegt wurde, wendet sich Sutter in Ich-Form an die Nachwelt:

---

[3] Namentlich in Zug war es Joseph Anton Schumacher während des dortigen ersten „Harten- und Lindenhandels" von 1729 bis 1735 gelungen, die Ratsgremien mit Anhängern zu besetzen. Vgl. zu diesem Landsgemeindekonflikt Hans Koch, Der Schwarze Schumacher: Der Harten- und Lindenhandel in Zug 1728–1736, Zug 1940; Brändle (2002), Kapitel 5.

[4] Zu dieser Katastrophe im benachbarten Appenzell Ausserrhoden vgl. Hanspeter Ruesch, Die Lebensverhältnisse in einem frühen schweizerischen Industriegebiet: Sozialgeschichtliche Studien über die Gemeinden Trogen, Rehetobel, Wald, Gais und Speicher des Kantons Appenzell Ausserrhoden im 18. und frühen 19. Jahrhundert, Band 2, Basel und Stuttgart 1979, S. 470–493. Im innerrhodischen Haslen starben während der Hungerkrise 130 Menschen mehr als geboren wurden. Zur Krise in Innerrhoden vgl. Schürmann (1974), S. 232–247.

„Ich suchte durch mein Thun, so wie den Herren allen
Auch dem gemeinen Volk in allem zu gefallen
Und wirklich schien mir da das ganze Land geneigt,
Und alles hatte mir Zufriedenheit bezeigt."[5]

Diesem Urteil schliesst sich „Die entlarvte Ungerechtigkeit"[6] an. Drahtzieher des Justizmordes seien die Kapuziner, und die Anhänger Landammann Geigers seien „Wüthriche", „Tyrannen", gegen die gewaltsamer Widerstand nicht nur absolut legitim, sondern letzendlich sogar notwendig, ja Pflicht sei.[7] Völlig zu Unrecht sei Sutter als Feind der Religion bezeichnet worden, und die Kapuziner hätten den „Sutterischen" gar die Absolution verweigert.[8] Der Vorwurf an die Kapuziner leuchtet durchaus ein, denn der Orden war in Appenzell und in den übrigen katholischen Landsgemeindeorden den Oligarchen verpflichtet, die sie in einer Art Klientelverhältnis grosszügig unterstützten und im Gegenzug dafür politische Loyalität verlangten.[9]

Sutters Fall war nicht nur ein Thema in Flugschriften. Er beschäftigte auch die Gelehrtenwelt. Johann Gottfried Ebel beispielsweise, der bedeutende deutsche Gelehrte, Arzt und genau beobachtende Schweizerreisende, widmete im ersten Band seiner „Schilderung der Gebirgsvölker" dem Unrecht an Sutter ein ganzes Kapitel.[10]

„Diese Geschichte ist ein schauerliches Beispiel von menschlicher Stumpfheit und Verruchtheit, von Volksverblendung und Betrug, von den fürchterlichen Folgen der Unwissenheit und von den Freveltaten einer die höchste Gewalt sich anmassenden Faktion."[11]

---

[5] Sendschreiben an die Welt aus dem Reiche der Todten des weiland Wohlgebohrnen Hrn. Hrn. Anton Joseph Sutter, ehemaligen Landvogtes im Rheinthale, dann aber Landammann in Appenzell in Inner-Rooden; welcher, nach einer 9jährigen Entfernung aus seinem Vatterlande, wieder zurückgebracht, und dann auf Befehl eines gesamten löbl. Landrathes, als ein Staatsvebrecher, den 9. Merz 1784. öffentlich durch das Schwerd hingerichtet worden, o.O. 1784, Verse 17–20; Triet (1977), S. 136–139.
[6] Die entlarvte Ungerechtigkeit, Das ist: Trauer Geschichte des unschuldig zum Tode verurtheilten Herrn Antoni Joseph Suter, gewesener Landvogt im Rheinthal, nachgehends Landammann zu Appenzell Inner-Rooden, o. O. 1784.
[7] Zum Motiv des gerechten Tyrannenmords vgl. jetzt breit angelegt und zusammenfassend Mario Turchetti, Tyrannie et tyrannicide de l'Antiquité à nos jours, Paris 2001.
[8] Die entlarvte Ungerechtigkeit, S. 12–32.
[9] Vgl. zusammenfassend Brändle (2002), Kapitel 8.
[10] Johann Gottfried Ebel, Schilderung der Gebirgsvölker der Schweitz, 2 Bände, Leipzig 1798–1802, Band I, S. 192–213. Zu Ebel vgl. etwa Peter Faessler, Idylle und Erhabenheit; Bodensee und Alpen bei J. G. Ebel, in: Rorschacher Neujahrsblatt 71 (1981), S. 41–50.
[11] Ebel (1798) S. 212.

Wie andere sozioplitische Konflikte auch beschäftigte die causa Sutter die lesende Öffentlichkeit. Der Berner Historiker Andreas Würgler kann aufzeigen, dass „sowohl die ländlichen als auch die städtischen Unruhen des 18. Jahrhunderts ein Thema der zeitgenössischen Presse"[12] waren. Die Berichterstatter wussten dabei zu differenzieren, denn neben topischer Kritik an Aufrührern finden sich in ihren Texten sowohl objektive Analysen als auch nüchterne Verlaufsbeschreibungen. Unruhen förderten somit die Sensibilisierung der öffentlichen Meinung.[13] Sie wurden zum Gesprächsstoff einer sich allmählich konstituierenden, räsonnierenden, sich in Sozietäten und Kaffehäusern manifestierenden „bürgerlichen Öffentlichkeit" (Jürgen Habermas) und waren mitverantwortlich für die Erosion der ständischen Gesellschaft.[14] Würgler schreibt, dass es neben den Zeitungen vielgelesene Reiseschriftsteller wie Ebel waren, die ab den 1780er Jahren zu Konflikten innerhalb der Eidgenossenschaft Stellung bezogen. Die Schweizerreise bot Gelegenheit, auf Missstände im eigenen Land hinzuweisen.[15]

Der „Justizmord" an Sutter reihte sich in eine ganze Reihe eidgenössischer „Skandale" ein, die aufgeklärte deutsche Kreise beschäftigten, nämlich die Hinrichtungen der „letzten Hexe" Anna Göldin und des Zürcher Pfarrers Johann Heinrich Waser im Jahre 1780.[16] Ein Jahr nach dessen Tod hiess es im „Deut-

---

[12] Andreas Würgler, Unruhen und Öffentlichkeit: Städtische und ländliche Protestbewegungen im 18. Jahrhundert, Tübingen 1995, S. 202–226, hier S. 226.
[13] Ebd., S. 330.
[14] Vgl. Jürgen Habermas, Strukturwandel der Öffentlichkeit: Untersuchungen zu einer Kategorie der bürgerlichen Gesellschaft, Frankfurt am Main 1990; Thomas Nipperdey, Verein als soziale Struktur in Deutschland, in: Ders. Gesellschaft, Kultur, Theorie, Gesammelte Aufsätze zur neueren Geschichte, Göttingen 1976, S. 174–205 und S. 439–448; Ursula Bescher, Politische Gesellschaft: Studien zur Genese bürgerlicher Öffentlichkeit in Deutschland, Göttingen 1978; Falco Schneider, Öffentlichkeit und Diskurs: Studien zur Entstehung, Struktur und Form der Öffentlichkeit im 18. Jahrhundert, Bielefeld 1992; Würgler (1995) S. 29–41.
[15] Ebd., S. 305–307; William E. Stewart, Gesellschaftspolitische Tendenzen in der Reisebeschreibung des ausgehenden 18. Jahrhunderts, in: Wolfgang Griep und Hans-Wolf Jäger (Hrsg.), Reise und soziale Realität am Ende des 18. Jahrhunderts, Heidelberg 1983, S. 32–46, hier S. 41.
[16] Zu Waser vgl. Stephan Meyer, Vorbote des Untergangs: Die Angst der Schweizer Aristokraten vor Joseph II, Zürich 1999, S. 331–353 (mit vielen Beispielen auch aus dem Deutschen Reich); Hans Martin Stückelberger, Johann Heinrich Waser, geboren am 1. April 1742, enthauptet am 27. Mai 1780. Diss. phil. I Universität Zürich, Zürich 1932; Rolf Graber, Der Waser-Handel: Analyse eines soziopolitischen Konflikts in der Alten Eidgenossenschaft, in: Schweizerische Zeitschrift für Geschichte 30 (1980), S. 321–356; Uwe Hentschel, Der Waser-Handel im Spiegel der deutschen Literatur, in: Zürcher Taschenbuch Neue Folge 120 (2000), S. 177–192. Christoph Meiners stellte beispielsweise fest, dass der Waser-Handel "[...] das lesende Publicum in Teutschland und der Schweiz in zwo Parteyen geheilt" habe. Hentschel, Der Waser-Handel im Spiegel der deutschen Literatur, S. 177, Anm. 4. Angeprangert wurden die Repression der Zürcher Zunftoligarchie, die Ausschaltung rechtsstaatlicher Verfahren so-

schen Museum", dass „alle Monatsschriften und Zeitungen voll von Wasers Geschichte"[17] seien. Der aufgeklärte Toggenburger Garnhändler, Leser und Diarist Ulrich Bräker fasst diese Dimension aufklärerischer Kritik prägnant zusammen, wenn er im August 1790, in direktem Bezug zum Justizmord an Sutter, die Grausamkeiten innerhalb der „demokratischen" Schweizer Orte kritisiert:

> „aber sonst weiß ich viele zimlich barbarische anektötchen aus demokratischen ständen – nur deß armen landaman Sutters zu gedenken: nie kan ich seine geschichte lesen, oder nur davon erzelen hören das nicht mein blut in wallung gerath – das ich mit feür und schwerdt – ienes nest mit seinem blutrichter samt der schwartzen rotte – die ursache seines unglüks – vom erdboden vertilgen möchte – mich wundert nur das andere hochlöblichen stände diese thyranische that haben geschehen lassen da sie doch in gewüssem sin – ein schandfleck unsers gesamten Helvetiens ist."[18]

Ulrich Bräker hatte sich bereits im März 1784 tief beeindruckt gezeigt ob der Enthauptung Sutters, die im an Appenzell grenzenden Toggenburg, das zum Territorium der Fürstabtei St. Gallen gehörte, heftig diskutiert wurde:

> „jst ein zimlich verwirtes caos in dem Apenzelerländchen. – der unglükliche landaman Suter welcher vor 10. tagen in Apenzel sein kopf hergeben muste ist das allgemeine gered in allen gesellschafften – dem sol offenbar unrecht geschehen sein – die Jn=u=Ausrödler sin ser bitter gegen ein andern – die von Gäiß und Oberegg solen ein ander waker geprügelt haben – so daß man glaubt es könten noch üble folgen daraus entstehn."[19]

Sutter hatte also auch engagierte Anhänger in Appenzell Ausserrhoden sowie im Toggenburg.[20]

Die Diskussionen um Sutter wollten nicht enden. Die Enthauptung inspirierte einige Anhänger dazu, über die Verfassung des kleinen eidgenössischen Orts nachzudenken. Bemerkenswert ist eine Handschrift von Pfarrer Joseph Anton Sutter aus dem Jahre 1791, der „Politische Bauern Catechismus"[21]. Um was es

---

wie das Erscheinungsbild der selbstherrlich regierenden "Gnädigen Herren" Zürichs. Vgl. ebd., S. 189f.
[17] Zitiert nach ebd., S. 177 (Zwei Briefe, Wasern betreffend. in: Deutsches Museum 1 (1781), S. 22).
[18] Andreas Bürgi, Alfred Messerli, Heinz Graber u.a. (Hrsg.). Ulrich Bräker: Sämtliche Schriften, Dritter Band, Tagebücher 1789–1798. München und Bern 1998, S. 335. Für diesen und den folgenden Hinweis danke ich dem Mitherausgeber der wegweisenden Bräker-Edition, Herrn Dr. phil. Andreas Bürgi, Bräkeredition, Zürich, ganz herzlich.
[19] Heinz Graber, Claudia Holliger-Wiesmann, Andreas Bürgi u.a. (Hrsg.). Ulrich Bräker: Sämtliche Schriften, Zweiter Band, Tagebücher 1779–1788, München und Bern 1998, S. 460.
[20] Vgl. Brändle (2002), Kapitel 7. 5.
[21] Zentralbibliothek Zürich (ZBZ), Mscr. J 613 [Sutter, Joseph Anton, Politischer Bauern Catechismus für den Canton Appenzell der Inneren und Aeusseren Roden in Fragen und Antworten entworffen von H[errn] Suter D[oktor] der Rechten und gewesner Pfarrer zu Hasli

sich dabei handelt, schreibt der Autor, der nicht mit unserem Protagonisten, dem hingerichteten Landammann, verwechselt werden darf, gleich selber, nämlich „[...] eine kurtze Erklärung der Grundsätze einer Staatsverfassung."[22] Zuerst formuliert der Geistliche, der während des Sutterhandels den unglücklichen Landammann aktiv unterstützt hatte, Grundsätzliches: Ein freies und unabhängiges Gemeinwesen sei alleine ein Staat, „der keine höhere Gewalt über sich anerkannt, keinem anderen [Staat?] unterworfen ist und der sich folgsam selbst regieren kann."[23] Die Grundgesetze bestünden im selbständigen Gesetzemachen (1), im Vollstrecken ebendieser Gesetze (2) in der selbständigen Kriegführung sowie in der Beschlusskraft von Frieden und Bündnissen (3). Sutter bezieht sich auf Aristoteles und die bodinische Souveränitätslehre, wenn er die drei Staatsformen Monarchie, Aristokratie und Demokratie als legitim erachtet.[24] In einer Monarchie wie Österreich, wo nur der Kaiser Gesetze geben oder Bündnisse schliessen könne, sei nur der Monarch frei und unabhängig, „alle übrigen Bürger sind Unterthanen."[25] In den Landsgemeindeorte hingegen beschlösssen sämtliche Bürger die Gesetze und vollstreckten diese:

„In diesen Cantonen sind alle eigenthümlichen Landleute frey und und unabhängig, diese müssen folgsam keinem Herren, sonder nur den Gesetzen gehorchen. Es gibt in solchen democratischen Staaten keine Unterthanen."[26]

In seinen historischen Exempeln demokratischer Bewegungen führt der Autor den „Sutterhandel" an: „Wer kämpfte eigentlich in diesem Lanthandel für das freye Wahlrecht? Die suterische oder eigentlich zu reden *democratische* Parthey"[27]. In einem demokratischen Ort dürfe es keine „Herren-Sekel" oder

---

[...]. 1791]. Der "politische Katechismus", der in seiner äusseren Form an den christlichen Katechismus anknüpfte, blieb bis weit ins 19. Jahrhundert hinein ein beliebtes Genre politischer Agitation, namentlich bei den Frühsozialisten.

[22] ZBZ, Mscr. J 613 [Sutter, Politischer Bauern Catechismus], S. 3.

[23] ZBZ, Mscr. J 613 [Sutter, Politischer Bauern Catechismus], S. 3.

[24] Zur bodinischen Souveränitätslehre vgl. etwa Diethelm Klippel, Artikel "Staat und Souveränität VIII: Der neuzeitliche Souveränitätsbegriff bis zum Ende des 18. Jahrhunderts", in: Brunner, Otto†, Werner Conze† und Reinhart Koselleck (Hrsg.), Geschichtliche Grundbegriffe: Historisches Lexikon der politisch-sozialen Sprache in Deutschland, Band 6, Stuttgart 1990, S. 107–128, hier S. 107; Jürgen Dennert, Ursprung und Begriff der Souveränität, Stuttgart 1964, besonders S. 56–73; Helmut Quaritsch, Souveränität: Entstehung und Entwicklung des Begriffs in Frankreich und Deutschland vom 13. Jh. bis 1806, Berlin 1986, besonders S. 46–65. Zur entsprechenden Stelle bei Bodin vgl. P. A. Mayer-Tasch, (Hrsg.), Jean Bodin: Sechs Bücher über den Staat, Buch I–III, übersetzt und mit Anmerkungen versehen von Bernd Wimmer, München 1981, S. 222f.

[25] ZBZ, Mscr. J 613 [Sutter, Politischer Bauern Catechismus], S. 5.

[26] ZBZ, Mscr. J 613 [Sutter, Politischer Bauern Catechismus], S. 7.

[27] ZBZ, Mscr. J 613 [Sutter, Politischer Bauern Catechismus], S. 26.

„Herren-Güether" geben, lediglich „Land-Güether" und einen „Land-Sekel".[28] Der landsgemeindliche „Egalitarismus", wie er sich in den Gemeinwerken und im Allmeindenwesen äusserte[29], verband sich somit mit Forderungen nach Gleichheit, die während der Französischen Revolution erhoben wurden.[30] „Ist es wahr, was Montesquieu behauptet[31], dass zu gewissen Zeiten in den *democratischen* Staaten Revolutionen nötig seyen?"[32], so die 52. Frage:

> „Ja, weil wie er sagt diejenigen denen man die Gewalt anvertraut solchen mit der Zeit gern misbrauchen. Um sie nun in diesem Fall wieder in die Schranken zurückzuführen, muss man sich regen"[33],

Beispiele für gerechte „Revolutionen" seien der Appenzell Ausserrhoder Land- und der Innerrhoder Sutterhandel: „Beyde Landhändel können als Epochen der Freyheit angesehen werden."[34] Der von Pfarrer Sutter erwähnte Appenzelle-Ausserrhoder Landhandel hatte den eidgenössischen Ort in den 1730-er Jahren in zwei Parteien gespalten, die eher demokratisch gesinnten „Harten" und die oligarchisch denkenden „Linden". Zeitweise eskalierte der Konflikt, es drohte gar der Bürgerkrieg. Die popularen „harten" Opponenten scharten sich um den charismatischen Landammann Laurenz Wetter und erreichten unter anderem die Rückerstattung des Einnzelinitiativrechts sowie weitere substanzielle Rechte.[35] Der Sieg der „Harten" machte mit Sicherheit Eindruck auf die unzufriedenen Appnezell Innerrhoder.

Pfarrer Sutters Ansichten und Deutungen der Landsgemeindedemokratie haben Anschluss gefunden an die Ideen der Französischen Revolution. Sie sind ein Bindeglied zwischen „alter", „vormoderner" Theorie und „neuer", „moderner"

---

[28] Vgl. ZBZ, Mscr. J 613 [Sutter, Politischer Bauern Catechismus], S. 50–52.

[29] Vgl. dazu Daniel Fässler, «Den Armen zu Trost, Nutz und Ehr»: Eine rechtshistorische Studie der Gemeinwerke (Allmende) von Appenzell-Innerrhoden – unter besonderer Berücksichtigung der Mendle, Appenzell 1998.

[30] Vgl. dazu etwa Albert Soboul, Französische Revolution und Volksbewegung: Die Sansculotten, bearbeitet und herausgegeben von Walter Markov, Frankfurt am Main 1976.

[31] Vgl. Gonzague Truc (Hrsg.), Charles de Montesquieu, De l'esprit des lois: Texte établi avec une introduction, des notes et des variantes, Band 1. Paris 1932, S. 53–55 (Kapitel VII: "Autres moyens de favoriser le principe de la démocratie").

[32] ZBZ, Mscr. J 613 [Sutter, Politischer Bauern Catechismus], S. 52.

[33] ZBZ, Mscr. J 613 [Sutter, Politischer Bauern Catechismus], S. 53.

[34] ZBZ, Mscr. J 613 [Sutter, Politischer Bauern Catechismus), S. 54.

[35] Vgl. Walter Schläpfer, Demokratie und Aristokratie in der Appenzellergeschichte des 17. und 18. Jahrhunderts, in: Appenzeller Jahrbücher 76 (1948), S. 3–26; Bertram Mogg, Der Appenzeller Landhandel 1732/33: Familienstreit oder Bauernaufstand? Fallstudie eines soziopolitischen Konflikts im Ancien Régime, unveröffentlichte Lizentiatsarbeit Universität Zürich 1984; Brändle (2002), Kapitel 5.

Demokratiekonzeption.[36] In diesem Sinne geschrieben ist auch eine Handschrift, die aufgrund ihres Inhalts und ihres Stils ebenfalls dem Geistlichen Sutter zuzuschreiben ist. Es handelt sich um einen Verfassungsentwurf für „Appenzell der Inneren Rhoden"[37], worin die Landsgemeinde als „Souverän" erscheint. Im dritten Teil erläutert Sutter die „bürgerlichen Gesetze", im vierten Teil denkt er über das Strafrecht und die „Polizey-Gesetze" nach. Mit seinem systematischen Versuch, eine stringent aufgebaute Verfassung zu schreiben, kommt er nicht zuletzt einem alten Wunsch der popularen Opposition entgegen, jenem nach Offenheit und Transparenz.

Die Erinnerung an Sutter beschränkte sich freilich nicht auf Texte. Ähnlich wie nach dem Bauernkrieg von 1653 oder nach der Hinrichtung des Schwyzers Johann Anton Stadler 1708 begann ein „Märtyrerkult".[38] Der Leichnam Sutters war Gegenstand von Wundergeschichten. Der Historiker Karl Monnard, der selber in Appenzell geforscht hat, schreibt, Sutter läge im Glauben der Bevölkerung unversehrt im Grab, der Kopf sei vom Rumpf nur durch einen dünnen roten Strich abgesetzt.[39]

Auf der politischen Ebene war es Heinrich Zschokke, der 1822 den Innerrhoder „Grossen Rat" zu einer Reaktion verleitete. Im „Schweizer-Boten" publizier-

---

[36] Allgemein zur Diffusion des Gedankenguts der Französischen Revolution in der (ländlichen) Eidgenossenschaft vgl. etwa Annemarie Custer, Annemarie, Die Zürcher Untertanen und die französische Revolution, Diss. phil. I Universität Zürich, Zürich 1942, besonders S. 35–90; Rolf Graber, Zur Einführung der Verfassung der Helvetischen Republik: Republikanismus der Eliten – Republikanismus des Volkes, in: Helmut Reinalter, (Hrsg.), Republikbegriff und Republiken seit dem 18. Jahrhundert im europäischen Vergleich: Internationales Symposium zum österreichischen Millenium, Frankfurt am Main 1999, S. 101–119.

[37] Vgl. ZBZ, Msc. S 575 [Anonymus, Appenzell der Inneren Rhoden: Das heutige Landrecht in drey Theile zusammengetragen von einem Freund der Wahrheit und Gerechtigkeit].

[38] Vgl. Andreas Suter, Der schweizerische Bauernkrieg von 1653: Politische Sozialgeschichte, Sozialgeschichte eines politischen Ereignisses, Tübingen 1997, S. 587; Martin Merki-Vollenwyder, Unruhige Untertanen: Die Rebellion der Luzerner Bauern im Zweiten Villmergerkrieg, Luzern und Stuttgart 1995, S. 188; Zu Pierre Nicolas Chenaux vgl. Paul Hugger, Sozialrebellen und Rechtsbrecher in der Schweiz: Eine historisch-volkskundliche Studie, Zürich und Freiburg im Breisgau 1976. Zu Joseph Anton Stadler und dem Stalder-Handel vgl. Brändle (2002), Kapitel 3; Alois Rey, Joseph Anton Stadler und seine demokratische Bewegung in Schwyz: Vortrag gehalten an der Versammlung der Historischen Gesellschaft Arth-Goldau am 5. Juni 1955. Arth 1955; Kaspar Michel, Spuren einer vorrevolutionären popularen Opposition in Schwyz: Untersuchung von fünf Landsgemeindeunruhen zwischen 1550 und 1720 als Ausdrucksform des Widerstandes gegen die «Herren» im Ancien Régime, unveröffentlichte Lizentiatsarbeit Universität Fribourg, Fribourg 1999. Ich stimme mit Kaspar Michels These vom Vorhandensein einer prinzipiell denkenden popularen Opposition überein. Ein Exemplar dieser substanziellen, quellennahen Darstellung ist im Staatsarchiv Schwyz einsehbar.

[39] Vgl. Karl Monnard, Geschichte der Eidgenossen während des 18. und der ersten Dezennien des 19. Jahrhunderts, Zweiter Theil, Zürich 1848., S. 442; Triet, (1977), S. 116.

te er eine prosutterische Wertung des Konflikts.[40] Der konservative St. Galler Karl Müller-Friedberg entgegnete zwar umgehend[41], eine neue „Thematisierungskonjunktur" (Jakob Tanner) bahnte sich gleichwohl an. Max Triet, der verdiente Historiker des Sutter-Handels, vermutet, dass Joseph Fässler, „Müllers Stanzle", jener engagierte Anhänger also, der 1779 nur durch Begnadigung der Todesstrafe entgangen war, animiert durch Zschokkes Artikel, den „Sutterhandel" erneut vor den Rat brachte.[42] Er sei damals widerrechtlich und allzu hart verurteilt worden, so Fässler am 11. November 1823. Deshalb fordere er vom Landseckelamt eine Entschädigung von 530 Gulden. Die Strafe liess es an Deutlichkeit nicht fehlen: Fässler hatte bei offenen Türen vor dem Rathaus kniend Abbitte zu leisten. Da er das demütigende Urteil nicht akzeptieren wollte, wurde der Fall an den „Grossen Rat" delegiert, ein Verdikt, das ganz in seinem Sinne war, bot es ihm doch Gelegenheit dazu, weitere Kreise anzusprechen.[43] Vor dem „Grossen Rat" scheute sich Fässler nicht, darauf hinzuweisen, dass nun die Söhne jener Väter richten würden, die schon über Sutter gerichtet hätten. Fässler erreichte, dass der „Grosse Rat" ein Mandat erliess mit dem Verbot, Verjährtes wieder „aufzuwärmen".[44] Somit war Sutters Tragödie vermehrt im Gespräch. Ein Ausserrhoder Konvertit, Johann Konrad Hohl, beschwerte sich heftig über den obrigkeitlichen Maulkorb. Seine Strafe war hart: Nach Schwören der Urfehde hatte er den Kanton zu verlassen. Nur ein Jahr später gelangte Landweibel Joseph Dörig mit einer Petition an der Obrigkeit, die von 44 Landleuten unterschrieben wurde. Er kritisierte darin Kompetenzüberschreitungen des Rates, forderte eine klare Trennung zwischen Exekutive und Judikative, um gar mit einem Plebiszit zu drohen. Im Lande blieb es unruhig, so wurde an der Landsgemeinde 1825 eine Petition deponiert, in der eine Verfassung eingefordert wurde.[45] Initiator dafür war eine Flugschrift, die an der „rothen Brugg" angeschlagen wurde: „D'Friheit, jo währli, die wili jez neh, S'chönt e ke schöneri Fabel nünt geh."[46]

---

[40] Vgl. Heinrich Zschokke, Der Sutterhandel, in: Der aufrichtige und wohlerfahrene Schweizer-Bote 17/1822 vom 25. April, S. 139–142.

[41] Karl Müller-Friedberg, Der Sutterhandel, in: Der Erzähler 17 (1822), S. 130. Müller-Friedberg, der letzte fürstäbtische Landvogt über das Toggenburg, ist ganz klar dem konservativen Lager zuzurechnen.

[42] Triet, (1977), S. 119.

[43] Vgl. Landesarchiv Appenzell Innerrhoden (LAP), Band 184 (Wochenratsprotokolle 1822–1823), 11. November 1823; Triet, Der Sutterhandel, S. 119f.

[44] Vgl. LAP, Grossratsprotokolle 1808–1828, 25. November 1823; Triet, Der Sutterhandel, S. 120.

[45] Vgl. Hermann Grosser und Norbert Hangartner, Appenzeller Geschichte: Band III, Appenzell Innerrhoden (von der Landteilung 1597 bis ins 20. Jahrhundert), unter Mitarbeit von Ivo Bischofberger, Johannes Gisler und Josef Küng. Appenzell 1993.S. 317–319.

[46] Titel der (gedruckten) Flugschrift: Die Fabel aus Appenzell (Innerrhoden). o.O. und o. J., Strophe 3. Ein Exemplar dieser lesenswerten Schrift liegt in der St. Galler Kantonsbibliothek Vadiana.

Darin kommen Misswirtschaft und undemokratisches Gebaren zur Sprache. Die Flugschrift ist reich an direkten und indirekten Bezügen zum Schicksal Sutters. Sie beinhaltet auch soziale Kritik. So wird beispielsweise moniert, dass Gemeingut an Grossbauern verkauft wurde. Dageegen hatte bereits Pfarrer Sutter agitiert. Petitionäre forderten die Zusammenfassung aller Gesetze zu einem Landbuch sowie die Offenlegung der Nutzung aller Gemeinwerke. Im Jahre 1828, nach dem Tode des „starken Mannes" der Restaurationszeit, Karl Franz Bischofberger, kam es zur Wachablösung. Historiker sprechen gar von einer „demokratischen Bewegung".[47] Als ein Anführer dieser oppositionellen Bewegung, Joseph Maria Rechsteiner, angeklagt wurde, kam es am 18. Juni 1828 nach der Grossratssitzung zum offenen Aufruhr[48], der nur mit Hilfe eidgenössischer Vermittler eingedämmt werden konnte.[49] 47 Landleute wurden gebüsst, ein Anführer wurde für 50 Tage ins Gefängnis gesteckt. Die „demokratische Bewegung" erreichte im Jahre 1829 eine Verfassung, welche die Rechte der einfachen Landleute substanziell verbesserte.

Während dieser unruhigen Zeiten wurde die Rehabilitierung Sutters erneut zum heiss diskutierten Thema. Dass im Jahre 1828 im appenzellausserrhodischen Trogen eine dezidiert prosutterische Flugschrift erschien, dürfte die bei der dortigen „demokratischen Bewegung" ohnehin verbreiteten Sympathien für Sutter noch verstärkt haben.[50] Zwei Kinder Sutters aus zweiter Ehe, Joseph Anton Sutter und Magdalena Sutter sowie die Enkel aus erster Ehe, unter anderem Grossrat Joseph Stark, gelangten an Pfarrer Johann Baptist Philipp Weishaupt, der ein Bittschreiben verfasste, das am 17. November 1829 im „Wochenrat" besprochen wurde. Darin verlangten die Verwandten, die sterblichen Überreste Sutters in geweihte Erde überführen zu dürfen. Nach ausgiebigen Debatten gelangte der „Grosse Rat" am 26. November 1829 zu einem positiven Beschluss mit der Intention, die streitbaren Parteiungen miteinander auszusöhnen. Niemand, weder Tote noch Lebende, dürfe zu Schaden kommen.[51] Zwei Tage später wurde der Leichnam in den geweihten Friedhof überführt, und am 29. November verkündeten die Pfarrherren das entsprechende Mandat. Joseph

---

[47] Vgl. Grosser und Hangartner, Appenzeller Geschichte III, S. 320–324.
[48] Der Landschreiber: „Ein grosser Schwarm Volk circa 2 bis 300 Mann rotteten sich zusammen – wie auch schon früher bey einer Commisiom – und drängten den Presidenten wie die übrigen Rathtsgliedern, wie selbe das Rathaus verlaasen wolten, mit grossem Geschrei geballten Fäusten zurük, und verletzten den Presidenten an der Hand." Zitiert nach Fässler (1998), S. 405.
[49] Vgl. ebd., S. 401. Als er 1827 vom Rat entsetzt wurde, erhob Rechsteiner vor Gericht die Faust mit Ausdrücken wie: „wartet nur ihr Herrle der lezt hat noch nicht geschossen." Seine Hartnäckigkeit und Eloquenz lassen einen vermuten, dass er „suterische" Züge hatte.
[50] Unpartheiische Geschichte der bekannten Suterischen Streitsache, sammt einigen Bemerkungen, zusammengetragen von einem Freunde der Wahrheit, Trogen 1828. Vgl. Triet (1977), S. 154–157.
[51] Vgl. LAP, Grossratsprotokolle 1828–1859, 26. November 1829; Triet (1977), S. 123f.

Fässler, „Müllers Stanzle", der Initiator der Rehabilitierung, hatte die Rehabilitierung Sutters noch erlebt, ehe er einige Wochen später verstarb.[52] Fässler ist ein Beispiel für die biographische Kontinuität, die den letzten Landsgemeindekonflikt des 18. Jahrhunderts mit den „demokratischen Bewegungen" der späten 1820er Jahren verbindet.[53] Genugtuung widerfuhr einem Patenkind Sutters, das anlässlich der Bestattung die Grosse Glocke, deren Klang einst, während der Verbannung Sutters, verboten worden war, läuten durfte. Sutter selbst hatte den Kauf der neuen Glocke erst ermöglicht[54] Ein anonymer Autor dichtete dazu:

„Kinder, Freunde! Ahnverwandte!
hört ihr den grossen Glockenklang,
wie Euch so durch die Seele drang.
Es ist ihr Götte, den man kennt,
zu der geweihten Erden führt.
Sie hätten ihm schon lang gebührt."[55]

Im Falle Sutters vollzog sich die Memoruia auch akustisch.

Auch in Appenzell Ausserrhoden wurde die Rehabilitierung Sutters ausgiebig gefeiert.[56] Namentlich in der liberalen „Appenzeller Zeitung", einem wichtigen Gefäss der regenerativen Kräfte[57], hatte man den mit Spannung erwarteten Rehabilitierungsprozess mit Argusaugen beobachtet. Bereits am 8. August 1829 wurde des Hingerichteten gedacht[58], und am 28. November schrieb ein antiklerikal gesinnter Journalist, dass Sutter ein Opfer „der Aristokraten= und Pfaffenrache"[59] gewesen sei. Am 19. Dezember erinnerte man auch an Joseph Fässler, „der alte Stanzle" genannt:

---

[52] Joseph Fässler, genannt „Müllers Stanzle", verstarb am 7. Dezember 1829. Vgl. ebd., S. 249, Anm. 96.
[53] Zur Frage der „demokratischen" und „biographischen" Kontinuität vgl. Würgler (1995) S. 314–318.
[54] Vgl. Franz Stark, 900 Jahre Kirche und Pfarrei St. Mauritius Appenzell, Appenzell 1971, S. 141; Hermann Bischofberger, Rechtsarchäologie und Rechtliche Volkskunde des eidgenössischen Standes Appenzell Innerrhoden: Ein Inventar im Vergleich zur Entwicklung anderer Regionen, 2 Bände, Appenzell 1999, Band I, S. 554.
[55] LAP, Altes Archiv, Akten zum Sutterhandel („Andenken an den Begräbnistag des Hr. Landamann Suters").
[56] Vgl. etwa die Flugschrift „Suter Franz Anton Joseph, Landammann von Inerrhoden, hingerichtet 1784, wieder zu Ehren gebracht 1829, Trogen 1830. Vgl. auch Bartholme Tanner, Der Kanton Appenzell im Zeitraum von 1815–1830, in: Appenzellische Jahrbücher 17 (1886), S. 81–135 und 18 (1887), S. 26–76.
[57] Vgl. Walter Schläpfer, Pressegeschichte des Kantons Appenzell Ausserrhoden, Herisau 1978, S. 45–55; Oscar Alder, 100 Jahre Appenzeller Zeitung 1828–1928, Herisau 1928.
[58] Vgl. Appenzeller Zeitung Nr. 32, 8. August 1829.
[59] Appenzeller Zeitung Nr. 48, 28. November 1829.

„Er bringt nun Sutern und seinen Leidensgenossen schnelle Kunde von den Ereignissen ins Reich der Todten."[60]

Die Appenzeller Zeitung war ein wichtiges liberales Forum der Ostschweiz. Erstmals erschienen am 5. August 1828, unterstand es einer lediglich schwach greifenden Zensur. Prominente Liberale wie Ignaz Paul Vital Troxler, der später zu den Konservativen abgesprungene Gallus Jakob Baumgartner oder der Thurgauer Thomas Bornhauser gehörten bald zum Stamm der Autorenschaft.

Sutter war auch ein Thema im Kanton St. Gallen, wo sich „Demokraten" und Liberale um eine direktdemokratische Verfassung stritten.[61] Für einen Gegner des „Vetos" war Sutter in einer Flugschrift ein Paradefall populärer Willkür. Er sah die Hinrichtung als „Missbrauch der Souveränität"[62] und rief neben Sutter das Schicksal der Zuger „Linden" in Erinnerung. Auch im Verfassungsrat kam es zu Deutungskämpfen. Grossrat Custer redete: „Ein Bild aus einer reinen Demokratie, mit wenig Worten, ist die Thatsache, daß Appenzell Innerrhoden 1784 seinen Landammann enthauptete, den es 1829, als wider Recht hingerichtet, wieder in allen Ehren begraben ließ."[63] Dies wollte sich der „Demokrat" Adjudant Göldi nicht gefallen lassen. „Lebhaft", so der Herausgeber Josef Anton Henne, setzte er sich für die „reine Demokratie" ein, „eifernd" gar nahm er zum Vorredner Stellung:

„Das Beispiel aus Appenzell ist unrichtig gewählt und auf eine Weise herausgehoben, die dieß Nachbarvolk schänden soll. Nicht die Demokratie hat ihn hingerichtet, den hochseligen Landammann Suter, sondern die Aristokratie."[64]

Die Memoria Joseph Anton Sutters beflügelte die Opponenten späterer Generationen. Sutter stand für Werte der zunehmend in die Enge getriebenen traditionellen Volkskultur. Sutter verkörperte persönlichen Mut, sich gegen die Oligarchen zäh zu wehren. Nach seinem Tod wurde er zum Märtyrer und Sozialrebellen[65]. Bereits in den 1820er Jahren waren sein Leben und sein Sterben zum Mythos geronnen. Es geriet in Vergessenheit, dass Sutters Reformversuche im An-

---

[60] Appenzeller Zeitung Nr. 51, 19. Dezember 1829.
[61] Vgl. dazu Bruno Wickli, „Vom Volk soll man lernen, was Freiheit und Demokratie ist, nicht von deutschen Universitäten": Die direktdemokratischen Volksbewegungen im Kanton St. Gallen, 1814 und 1830/31. Dissertation Universität Zürich 2002 (Typoskript).
[62] St. Galler Volk! sprich dein Veto aus gegen das Veto, das dir dein Verfassungsrath geben will. Zuruf eines Kantonsbürgers von St. Gallen an seine Mitbürger, St. Gallen 1831, ohne Seite.
[63] [Josef Anton] Henne, (Hrsg.), Verhandlungen des Verfassuunsrathes vom Schweizerkanton St. Gallen: Mit Anhang zu den Volkswünschen, St. Gallen 1831, S. 55.
[64] Ebd., S. 56.
[65] Vgl. Eric J. Hobsbawm, Sozialrebellen: Archaische Sozialbewegungen im 19. und 20. Jahrhundert, Neuwied am Rhein 1962. Zu schweizerischen Beispielen vgl. Hugger (1976).

satz stecken blieben, sein Programm im Gegensatz zu anderen Landsgemeindekonflikten diffus blieb.[66] Seine Anhänger tradierten sein Gedächtnis mündlich, in Wirtshausgesprächen[67] aber auch in Form von Flugschriften und Pilgerreisen an sein Grab. In den 1820er Jahren wurde Sutter zur Kampffigur vieler Ostschweizer „Demokraten". Das Andenken an ihn ist ein schönes Beispiel dafür, wie auch Unterprivilegierte eine eigene Erinnerungskultur aufbauen können, abseits von Statuen, Denkmälern und kanonisierten, heiligen Texten. Es relativiert somit Jan Assmanns These, wonach das kulturelle Gedächtnis einer Gesellschaft stets von oben konstruiert sei, eine grundsätzliche Allianz zwischen Herrschaft und Gedächtnis bestehe.[68] Jede soziale Schicht hat ihre eigenen Gedächtnisstränge. HistorikerInnen sind indessen dazu aufgefordert, die im Dickicht der Überlieferung versteckten Gedächtnispartikel der wenig Mächtigen, deren „Hidden Transcript"[69], aufzuspüren.

---

[66] Vgl. Brändle (2002), Kapitel 8. Im Gegensatz zu anderen Landsgemeindeorten wie Schwyz existieren allerdings keine Landsgemeindeprotokolle, so dass es schwierig ist, Sutters Wirken genau zu verorten.
[67] Zum Wirtshaus als Ort populärer Öffentlichkeit im Ostschweizer Raum vgl. Fabian Brändle, Zwischen Volkskultur und Herrschaft: Wirtshäuser und Wirte in der Fürstabtei St. Gallen, 1550–1795, unveröffentlichte Lizentiatsarbeit Universität Zürich, Zürich 1997; Fabian Brändle, Togenburger Wirtshäuser und Wirte im 17. und 18. Jahrhundert, in: Fabian Brändle, Lorenz Heiligensetzer und Paul Michel (Hrsg.), Obrigkeit und Opposition: Drei Beiträge zur Kulturgeschichte des Toggenburgs aus dem 17./18. Jahrhundert, Wattwil 1999, S. 7–51.
[68] Vgl. Jan Assmann, Das kulturelle Gedächtnis: Schrift, Erinnerung und politische Identität in frühen Hochkulturen, München 1999^2, S. 70.
[69] Vgl. dazu grundlegend James C. Scott, Domination and the Arts of Resistance: Hidden Transcripts, New Haven 1990.

BRUNO WICKLI

Politische Kultur, politische Erfahrungen und der Durchbruch der modernen direkten Demokratie im Kanton St.Gallen (1831)

In der Schweiz können Bürgerinnen und Bürger nicht nur bei Parlamentswahlen ihren Willen äussern, sondern auch regelmässig über Sachvorlagen abstimmen. Mit diesen weit reichenden Partizipationsinstrumenten ist das Land nach wie vor ein „Sonderfall".[1] Das System der direkten Demokratie bietet die Möglichkeit, mittels eines Referendums oder einer Initiative auch dann in den politischen Prozess einzugreifen, wenn gerade keine Wahlen sind.[2] Der für diese beiden im 19. Jahrhundert etablierten Instrumente gebräuchliche Begriff Volksrechte verweist auf die Entstehung der modernen direkten Demokratie, welche gemäss der in diesem Aufsatz vertretenen These ein Produkt harter Auseinandersetzungen zwischen verschiedenen politischen Lagern, mithin verschiedenen politischen Kulturen ist.[3]

Im kontinentaleuropäischen Vergleich setzte sich in der Schweiz die liberale Repräsentativverfassung auffallend früh (in der Regeneration von 1830/31) und mit dauerhaftem Erfolg durch. Zu diesem Zeitpunkt erbrachte man im Kanton St.Gallen eine Pionierleistung, weil hier erstmals ein direktdemokratisches Element in eine moderne, nach französischem Vorbild konzipierte Verfassung integriert wurde.[4] Direkte Demokratie in ihrer ursprünglichen Ausprägung, als Versammlung aller Stimmberechtigten unter freiem Himmel mit einfachen Mehrheitsentscheiden durch Handaufheben, hatte schon in der Alten Eidgenos-

---

[1] Umfassende direktdemokratische Elemente wurden sonst nur noch in den USA auf der Ebene der einzelnen Staaten institutionalisiert. Vgl. dazu Silvano Möckli, Direkte Demokratie in den USA, St.Gallen 1994 (Institut für Politikwissenschaft HSG, Beiträge und Berichte 219). Es bleibt zu erwähnen, dass heute auch diverse europäische Staaten direktdemokratische Verfahren kennen, die allerdings nicht so umfassend sind wie jene in der Schweiz. Vgl. Silvano Möckli, Direkte Demokratie: Ein Vergleich der Einrichtungen und Verfahren in der Schweiz und Kalifornien, unter Berücksichtigung von Frankreich, Italien, Dänemark, Irland, Österreich, Liechtenstein und Australien, Bern u. a. 1994 (St.Galler Studien zur Politikwissenschaft 16), S. 93, 125–142.
[2] Auf Bundesebene gibt es ein obligatorisches Verfassungsreferendum, ein fakultatives Gesetzesreferendum, ein resolutives Referendum beim Dringlichkeitsrecht sowie die Volksinitiative zur Abänderung der Verfassung. Vgl. Handbuch der Schweizer Politik, hg. von Ulrich Klöti u. a., Zürich 1999 (^{3}2002), S. 111ff.
[3] Zum Begriff der politischen Kultur und zum gleichnamigen Forschungskonzept vgl. umfassend: Werner Seitz, Die politische Kultur und ihre Beziehung zum Abstimmungsverhalten. Eine Begriffsgeschichte und Methodenkritik, Zürich 1997.
[4] Dieser Aufsatz bildet eine Zusammenfassung der wichtigsten Thesen und Erkenntnisse aus meiner soeben publizierten Dissertation: Bruno Wickli, Politische Kultur und die „reine Demokratie": Verfassungskämpfe und ländliche Volksbewegungen im Kanton St.Gallen 1814/15 und 1830/31 (Sankt-Galler Kultur und Geschichte 35), St.Gallen 2005.

senschaft in mehreren Kantonen existiert.[5] Die Erklärung, dass die Spezifika des schweizerischen Systems auf diese lange demokratische Tradition in der politischen Geschichte einiger Landesteile zurückzuführen sind, liegt entsprechend nahe. Man kann aber eindeutig nicht von einer organischen Weiterentwicklung beziehungsweise linearen Transformation der überlieferten Systeme ausgehen.

Die alten Demokratien genügten im 19. Jahrhundert den Ansprüchen an einen zeitgemässen Rechtsstaat nämlich nicht mehr.[6] Die Modernisierer jener Epoche betrachteten die Landsgemeinden als den Fortschritt behindernde Institutionen, als Ausdruck einer überholten Staatsauffassung. Anders sahen dies weite Teile der ländlichen Bevölkerung im Kanton St.Gallen. Vor diesem Hintergrund profilierten sich dort in der so genannten Regeneration von 1830/31 zwei grundverschiedene politische Strömungen mit ebenso differenten Staatsvorstellungen: eine bürgerlich-liberale und eine ländlich-demokratische.[7] Diese Auseinandersetzung kulminierte in einem „Verfassungskampf", an dessen Ende jener Kompromiss stand, der die Geburtsstunde der modernen direkten Demokratie in der Schweiz bedeutete. Man „erfand" das Veto, einen Vorläufer des heutigen Gesetzesreferendums.[8]

Die halbdirekte Demokratie, wie sie korrekterweise bezeichnet werden müsste,[9] ist also nicht in jenen Kantonen ins Leben gerufen worden, in welchen die einheimischen Männer seit Jahrhunderten die Souveränitätsrechte ausübten. Sie

---

[5] Vgl. Hans Conrad Peyer, Verfassungsgeschichte der alten Schweiz, Zürich 1978, S. 50–55.
[6] Zur Entwicklung der direkten Demokratie im Kanton Schwyz im 19. Jahrhundert vgl. Benjamin Adler, Die entfeudalisierte Demokratie: Der Kanton Schwyz zwischen Französischer Revolution und Demokratischer Bewegung (1789–1866), Diss. Zürich 2004, Manuskript (Publikation erscheint 2006).
[7] Eigentlich sind es mehrere, regional geprägte politische Kulturen, die sich aber aufgrund ihrer ähnlichen Ausprägung unter dem Begriff einer für die voralpinen Gebiete der Ostschweiz typischen, ländlichen politischen Kultur subsumieren lassen. Ausgegangen wird hier weder von einer völlig homogenen Kultur der ländlichen Ostschweizer Gebiete noch von einer Einzigartigkeit der thematisierten Phänomene. Tatsache ist aber, dass sich zwischen den Regionen, die in den Volksbewegungen von 1814/15 und 1830/31 diesbezüglich eine Rolle spielten, keine fundamentalen Unterschiede finden, auch nicht über die konfessionellen Grenzen hinweg.
[8] Zur Weiterentwicklung des Vetos aus staatsrechtlicher Perspektive vgl. Dian Schefold, Volkssouveränität und repräsentative Demokratie in der schweizerischen Regeneration 1830–1848 (Basler Studien zur Rechtswissenschaft 76), Basel/Stuttgart 1966.
[9] Halbdirekte Demokratie deshalb, weil die Volksrechte (ausser z. T. auf Gemeindeebene) nicht unmittelbar in Versammlungen ausgeübt werden, und weil sich das Parlament und das Volk sowohl die Verfassungsgebung als auch die Gesetzgebungstätigkeit im Prinzip teilen. Vgl. Walter Haller, Das schweizerische System der halbdirekten Demokratie, in: Zeitschrift für Verwaltung 19, 1994, S. 613–622, hier S. 615. Dieser präzisierende Terminus ist allerdings nur in Fachkreisen gebräuchlich, weshalb im Folgenden mehrheitlich von direkter Demokratie die Rede ist, auch wenn genau genommen das System der halbdirekten Demokratie gemeint ist.

entstand vielmehr in einem 1803 aus der Taufe gehobenen, neuen Kanton. Warum aber ausgerechnet dort, und nicht in einem anderen Teil der Schweiz oder in einem anderen Land? Warum konnte gerade dort etwas vollzogen werden, was die Gestalt der Politik in der Schweiz bis heute prägt? Um diese Fragen zu beantworten, muss der damalige staatspolitische Durchbruch in einen geografischen, kulturellen und historischen Zusammenhang gestellt werden.

Der Staatsrechtler Alfred Kölz setzt sich in seiner Verfassungsgeschichte der Schweiz ausgiebig mit den demokratischen Bewegungen des frühen 19. Jahrhunderts auseinander, interpretiert diese allerdings vor allem von einer ideen- und institutionengeschichtlichen Warte aus.[10] Kölz erklärt die Entstehung der modernen direkten Demokratie mit einem Ideentransfer zwischen Frankreich und der Schweiz. Die von ihm aufgestellte These, wonach sich der Sankt-Galler Verfassungsrat von der französischen Montagnard-Verfassung aus dem Jahr 1793 hatte inspirieren lassen,[11] provoziert allerdings die Anschlussfrage, warum die direkte Demokratie denn nicht in Frankreich, sondern ausgerechnet in der Schweiz verwirklicht worden ist. Meines Erachtens basierte das direktdemokratische Modell in seiner prototypischen Ausprägung eindeutig nicht auf einem Ideenimport aus anderen Staaten; es entstand nicht im Kopf von Staatstheoretikern,[12] und man kam auch nicht zufällig und „instinktiv" darauf.[13] Die in der Sankt-Galler Regenerationsverfassung vollzogene Erweiterung des Repräsentativsystems um Elemente der direkten Partizipation war vielmehr das Ergebnis eines komplizierten Zusammenspiels von mehreren Faktoren. Die regionalen Volksbewegungen sind in einen nationalen und internationalen politischen Zusammenhang einzuordnen.

---

[10] Zur Regeneration vgl. Alfred Kölz, Neuere schweizerische Verfassungsgeschichte: Ihre Grundlinien vom Ende der Alten Eidgenossenschaft bis 1848, Bern 1992, S. 301–373, zu St.Gallen S. 309–316, zu den konservativen Gegenbewegungen ab 1839, S. 409–442. Vgl. auch: Die Wurzeln der schweizerischen direkten Demokratie in der französischen und amerikanischen Revolution, in: Alfred Kölz, 1789 – 1798 – 1848 – 1998: Der Weg zum modernen Bundesstaat. Historische Abhandlungen, Chur/Zürich 1998, S. 37–46.
[11] Vgl. Kölz (1992), S. 315.
[12] Stellenweise impliziert dies Schiedt mit seiner Darstellung, worauf schon deren Titel („Die Welt neu erfinden") hindeutet. Ähnlich wie Kölz verweist er u. a. auf Denkströmungen und Konzepte aus der Französischen Revolution. Vgl. Hans-Ulrich Schiedt, Die Welt neu erfinden: Karl Bürkli (1823–1901) und seine Schriften, Zürich 2002, S. 70–71, 243–245.
[13] Der Zürcher Sozialist Karl Bürkli vermutete in der zweiten Hälfte des 19. Jhs. bei seinem Rückblick auf den Teilerfolg der Sankt-Galler Demokraten von 1831, dass man damals „so zu sagen instinktiv" den ersten Schritt zur modernen direkten Demokratie gemacht hätte. Vgl. Schiedt (2002), S. 72–73.

1814/15: Aufstand und Niederlage der Demokraten

Der Kanton St.Gallen wurde 1803, in der so genannten Mediation, aus verschiedenen Gebieten zusammengefügt. Als neuer Kanton hatte er keine strukturellen „Altlasten" in Form von überkommenen Machtverhältnissen; vielmehr wurde den ehemaligen Untertanengebieten die Souveränität garantiert.[14] Bald hatte im Staatsleben eine Elite von Besitzbürgern, die sich gerne aristokratisch gab, das Heft in der Hand.[15] Die Mediationsverfassung definierte die Wahlberechtigung nämlich über den Besitz.[16] Der Zensus (d. i. die finanzielle Hürde für das Wahlrecht) war so hoch, dass er eine Mehrheit der Männer ausschloss.[17] Das Misstrauen der aufgeklärten Eliten gegenüber demokratischen Volksrechten kam damit klar zum Ausdruck, wie auch im System indirekter Wahlen und in den grossen Machtbefugnissen der Exekutive.[18]

Als diese undemokratischen Tendenzen nach Ende des französischen Einflusses mit der Restaurationsverfassung von 1814 noch verstärkt werden sollten, regte sich breiter Widerstand in der ländlichen Bevölkerung. Entscheidende, gar motivierende Anstösse kamen von aussen. Den Anfang machte Fürst Schwarzenberg, der Oberbefehlshaber der gegen Napoleon siegreichen, alliierten Heere, im Dezember 1813. Er liess in der Schweiz eine Proklamation verbreiten, aus welcher man lesen konnte, dass sich die Kantone nach ihrem eigenen Gutdünken konstituieren dürften.[19] Dies interpretierten die Bewohner ehemaliger Untertanengebiete in der Ostschweiz zu ihren eigenen Gunsten, und die Botschaft entfaltete eine vom Autor nicht beabsichtigte Wirkung.[20]

In Zürich versammelte sich um dieselbe Zeit eine ausserordentliche Tagsatzung, um mit einem neuen Bundesvertrag der „Franzosenzeit" ein Ende zu set-

---

[14] Vgl. Daniel Frei, Mediation, in: Handbuch der Schweizer Geschichte, Bd. 2, Zürich 1977, S. 849.
[15] Vgl. auch die Bemerkungen bei Max Lemmenmeier, Die Anfänge einer bürgerlich-industriellen Gesellschaft, in: Sankt-Galler Geschichte 2003, Bd. 5, St.Gallen 2003, S. 11–98, hier S. 62.
[16] Um in einer Gemeinde- oder Kreisversammlung stimmberechtigt zu sein, musste man männlich, Schweizer Bürger, über 20 (wenn verheiratet) oder über 30 (wenn ledig) Jahre alt sein und eine Liegenschaft im Wert von 200 Schweizer Franken besitzen. Vgl. Verfassungstext im Repertorium der Abschiede der eidgenössischen Tagsatzung 1814–1848, hg. von Jakob Kaiser, Bern 1874, S. 428.
[17] Im Kt. Waadt, der den gleich hohen Zensus von 200 Fr. verlangte, waren gerade 12 % der Gesamtbevölkerung stimmberechtigt. Vgl. Gérald Arlettaz, Libéralisme et société dans le Canton de Vaud 1814–1845 (Bibliothèque historique vaudoise 67), Lausanne 1980, S. 98.
[18] Vgl. Angaben und Organigramme bei Wickli (2006), S. 46–52.
[19] Vgl. Otto Henne-Amrhyn, Geschichte des Kantons St.Gallen von seiner Entstehung bis zur Gegenwart, St.Gallen 1863, S. 153; Gallus Jakob Baumgartner, Geschichte des schweizerischen Freistaates und Kantons St.Gallen, Bd. 2, Stuttgart/Zürich 1868, S. 407.
[20] Zahlreiche Beteiligte erklärten später in den Verhören, sie hätten daraus die Legitimation für ihre Handlungen gezogen. Vgl. Akten in StA SG (KA) R1-7a-I und R1-7a-II.

zen.[21] Der Vorsitzende riet der Sankt-Galler Gesandtschaft, eine neue Kantonsverfassung auszuarbeiten und diese „so wenig auf Demokratie wie nötig" auszurichten.[22] Doch die demokratischen Kräfte auf den Sankt-Galler Landschaften wollten die Initiative nicht allein ihren Kantonsbehörden überlassen. Sie organisierten Versammlungen und sandten Vertreter nach dem Tagsatzungsort Zürich, um dort auf ihr Anliegen aufmerksam zu machen.[23] Inzwischen bestimmte das Sankt-Galler Kantonsparlament eine Verfassungskommission.[24] Dessen ungeachtet sprach sich im Mai 1814 eine Mehrheit der Sarganserländer Gemeinden für den Anschluss ihres Bezirks an den (demokratischen) Kanton Glarus aus.[25] Die Sankt-Galler Regierung erliess sofort eine Mahnung an alle Kantonsbürger, und der Grosse Rat ernannte eine neue Kommission.[26] Dieses Gremium sah sich in der zweiten Junihälfte mit Verfassungsvorschlägen aus verschiedenen Regionen konfrontiert.[27]

Die ausländischen Mächte wurden skeptisch: Mehrere europäische Minister erklärten, dass eine Zerstückelung des Kantons St.Gallen nicht in Frage komme.[28] Der Verfassungsentwurf musste den alliierten Gesandten zur Einsicht vorgelegt werden und stiess prompt auf Kritik.[29] Die äusseren Umstände zwangen die Behörden in St.Gallen zum raschen Handeln: Der Grosse Rat verabschiedete am 31. August die neue Kantonsverfassung, und zwar nur mit einfacher Mehrheit, weil nicht alle Abgeordneten anwesend waren.[30] Einige Tage später gab die Regierung bekannt, sie führe die Verfassung nun ein, indem sie die Kantonsräte nach den neuen Bestimmungen wählen lasse.[31]

---

[21] Vgl. Baumgartner (1868), Bd. 2, S. 345.
[22] Vgl. Georg Thürer, St.Galler Geschichte. Kultur, Staatsleben und Wirtschaft in Kanton und Landschaft St.Gallen von der Urzeit bis zur Gegenwart: Von der Urzeit bis zur Gegenwart, Bd. 2, St.Gallen 1972, S. 166.
[23] Vgl. Leo Pfiffner, Der Verfassungskampf und die Trennungsbewegung des Sarganserlandes im Jahre 1814, Mels/Flums 1956, S. 45–46; Baumgartner (1868), Bd. 2, S. 303; Henne-Amrhyn (1863), S. 158–160.
[24] Sitzung des Grossen Rates vom 2. Mai 1814, in: St.Gallisches Kantonsblatt 1814, S. 70–71.
[25] Vgl. Staatsarchiv St.Gallen (StA SG), Kantonsarchiv (KA), R1-7, R1-7a-I; Baumgartner (1868), Bd. 2, S. 319; Leo Pfiffner, Verfassungskampf und Trennungsbewegung des Sarganserlandes im Jahre 1814, in: Sarganserland 1483–1983: Von der Grafschaft zum Kanton St.Gallen, Festschrift hg. von der Sarganserländer Talgemeinschaft, Mels 1982, S. 97–118, hier S. 107.
[26] Proklamation des Kleinen Rates vom 27. Mai, Beschluss vom 28. Mai und Sitzung vom 14. Juni 1814, in: Kantonsblatt 1814, S. 93–100 und S. 116–117.
[27] StA SG (KA), R1-4.
[28] Vgl. Baumgartner (1868), Bd. 2, S. 326. Die Note, in: Kantonsblatt 1814, S. 119–120.
[29] Vgl. Henne-Amrhyn (1863), S. 162.
[30] Vgl. Baumgartner (1868), Bd. 2, S. 341.
[31] Vgl. Henne-Amrhyn (1863), S. 163. Beschluss vom 7. Sept. 1814, in: Kantonsblatt 1814, S. 203.

Die dafür nötigen Kreiswahlversammlungen wurden von der Regierung auf den 18. September 1814 angesetzt.[32] Die Demokraten in den Landschaften bereiteten sich auf dieses Datum vor; die Bewegung war nun im ganzen Kanton aktiv und nahm eine neue Dimension an. Am 17. September hielten Sarganser Ausschüsse fest, dass eine Volksversammlung über die Trennung vom Kanton St.Gallen entscheiden solle, dass also statt der von der Regierung verordneten Wahlversammlung autonom eine regionale „Landsgemeinde" anberaumt wurde.[33] Am gleichen Sonntag mussten die Kreisversammlungen im Rheintal wie auch in anderen Gegenden wegen Störungen abgebrochen werden.[34] Kurz darauf sammelten Rheintaler Demokraten Geld, um allfällige Unkosten der nun lancierten Volksbewegung begleichen zu können.[35] Die Regierung entsandte Polizeikräfte, um drei „Rädelsführer" zu verhaften und in die Kantonshauptstadt abzuführen.[36] Dies löste einen „allgemeinen Volkszorn" im Rheintal und die Mobilisation militärischer Kräfte auf beiden Seiten aus. Eine Grenadierkompanie aus der Hauptstadt rückte ein, wurde aber von teilweise bewaffneten Rheintalern zurückgehalten.[37]

Von den Einheimischen gerieten jene unter Druck, die ein kantonales Amt innehatten. Man umstellte ihre Häuser und setzte sie unter Hausarrest, weil man sie für die Verhaftung der Gesinnungsgenossen verantwortlich machte.[38] Eine Bauernstaffette überbrachte der Regierung ein Schreiben, das die Freilassung der Arrestanten verlangte.[39] Sogar bei den Kantonstruppen machte sich Unmut breit: Die Milizsoldaten erklärten, sie wollten nicht gegen ihre Brüder im Rheintal vorgehen.[40] Dort aber organisierte sich inzwischen der „Landsturm": Die Mesmer (Kirchendiener) mussten zur Mobilmachung Sturm läuten, und es zogen Männer mit Knüppeln und Gewehren aus.[41] Die Regierung sah sich in Schwierigkeiten und bat die Tagsatzung um eidgenössische Intervention.

---

[32] Vgl. dazu und zu den Detailbestimmungen zur Durchführung der Kreisversammlungen den Regierungsbeschluss vom 7. Sept. 1814, in: Kantonsblatt 1814, S. 203–216.
[33] StA SG (KA), R1-5: Protokoll der Versammlung vom 17. Sept. 1814 in Sargans; Pfiffner (1982), S. 110.
[34] StA SG (KA), R1-5: Statthalterberichte an die Regierung betr. Kreisversammlungen.
[35] StA SG (KA), R1-7a-II: gemäss Verhöraussagen vom 10. und 17. Jan. 1815.
[36] StA SG (KA), R1-5 Forts.: Examinator von Sailern, 22. Sept. 1814; Baumgartner (1868), Bd. 2, S. 364.
[37] Vgl. die Angaben in den Berichten aus StA SG (KA), R1-5 und Verhörakten in StA SG (KA), R1-7a-I.
[38] StA SG (KA), R1-5 Fortsetzung: Berichte der Betroffenen, Kantonsrat Bärlocher, 24. Okt. 1814, und Friedensrichter Kuhn, 26. Okt. 1814; vgl. auch Baumgartner (1868), Bd. 2, S. 365.
[39] Vgl. Baumgartner (1868), Bd. 2, S. 365–366.
[40] StA SG (KA), R1-5: Bericht von Oberst Ehrenzeller, 21. Okt. 1814.
[41] StA SG (KA), R1-5: Friedensrichter Frey von Berneck, 25. Okt. 1814; R1-6: Friedensrichter Zünd von Balgach, o. D.

Schliesslich flohen die meisten Sankt-Galler Regierungsräte aus Angst vor dem eigenen Volk in den Kanton Thurgau.[42]
In der Folge beruhigte sich jedoch die Lage im Rheintal. Die Rückkehr zur „gesetzlichen Ordnung" war angesichts der Umstände zweifellos die richtige Option. Denn eine Mehrheit der Tagsatzung hatte sich längst dazu entschlossen, die Integrität des Kantons St.Gallen mittels eidgenössischer Vermittlung und notfalls einer militärischen Intervention zu wahren. Es wurden zwei Repräsentanten in die unruhigen Gebiete entsandt, der Appenzell-Ausserrhoder Landammann Zellweger und Hans Konrad Escher von der Linth, Mitglied der Zürcher Regierung. Die beiden erliessen drei Tage später eine Proklamation an alle Bewohnerinnen und Bewohner des Kantons.[43] Als diese im Sarganserland verlesen wurde, gab es Unruhe.[44] Deshalb reisten Escher und Zellweger in diesen Teil des in seiner Existenz bedrohten Kantons und trafen am 7. Oktober 1814 im Städtchen Sargans ein. Sofort begab sich Johann Baptist Gallati, der Anführer der regionalen Volksbewegung, zu den weit gereisten Herren und wollte seine Ansichten vortragen. Er wurde aber zwecks Verwahrung in ein Zimmer eingesperrt und musste eine vorgefertigte „Selbstanklage" unterzeichnen.[45] Gallati wurde schliesslich freigelassen, nachdem die Repräsentanten belastende Schriftstücke beschlagnahmt hatten.

Nun versammelte sich eine grosse Menschenmenge vor der Unterkunft der Repräsentanten. Einige stürmten ins Haus und provozierten mit Gesten zusätzlich.[46] Inzwischen wurde in den umliegenden Dörfern weiter mobilisiert. Als Gallati vor der Volksmenge das Wort ergriff, geriet die Situation ausser Kontrolle. Die Repräsentanten wurden nun körperlich bedrängt, berührt und beinahe tätlich angegriffen. Sie verliessen Sargans fluchtartig und erstatteten der Tagsatzung Bericht, wobei sie die Besetzung des Sarganserlands mit eidgenössischen Truppen beantragten.[47] Anfang Februar 1815 verliessen die fremden Truppen den Kanton St.Gallen wieder. Dessen Behörden konnten sich nach der neuen Verfassung konstituieren.[48] Die eigentliche Prüfung für die betroffenen Regionen und deren Bevölkerung begann aber erst. Der Kanton wurde nämlich in

---

[42] Vgl. Baumgartner (1868), Bd. 2, S. 366–373.
[43] Vgl. Baumgartner (1868), Bd. 2, S. 371–375.
[44] StA SG (KA), R1-5: Vollziehungsbeamter Bernold von Walenstadt, 4. Okt. 1814; Pfiffner (1982), S. 112
[45] Die folgenden Ausführungen zu den Ereignissen vom 7. bis 9. Okt. 1814 in Sargans beruhen auf Pfiffner (1956), S. 95–101.
[46] Belegt bei J.H. Tobler, Zwei Tage aus dem öffentlichen Geschäftsleben eines Kanzlei-Beamten, oder unparteiische Beschreibung der politischen Vorfallenheiten den 7., 8. und 9. Oktober 1814 in Sargans, vorgelesen E. E. grossen Rath den 18. Okt. Gleichen Jahrs in Herisau, in: Appenzellisches Monatsblatt, Nov. 1829, Nr. 11, S. 161–175. Diese „frechen Gesten" sind nur hier quellenmässig belegt.
[47] Vgl. Baumgartner (1868), Bd. 2, S. 378.
[48] Vgl. Baumgartner (1868), Bd. 2, S. 387–392.

zweifacher Hinsicht zur Kasse gebeten: Erstens hatte er gemäss Entscheid der Tagsatzung den alten Kantonen Entschädigungen für jene ehemaligen Untertanengebiete zu leisten, die nun definitiv zu St.Gallen gehörten. Zweitens wurden die Kosten für den Einsatz eidgenössischer Truppen auf den Kanton abgewälzt. Die Regierung entschied, dass diejenigen für die Kosten aufzukommen hätten, welche für die Unruhen verantwortlich waren oder von denen man dies glaubte.[49]

Dabei war die Abtrennung einzelner Regionen vom Kanton nur ein sekundäres Ziel gewesen. Die demokratische Bewegung wollte vielmehr Verbesserungen im Bereich der politischen Partizipationsrechte und ein schlankeres Staatswesen. So wie der Konflikt verlief, war die Integration in einen Nachbarkanton aber plötzlich die am nächsten liegende Möglichkeit, das eigene Landsgemeindeideal zu verwirklichen. Als die Hoffnungen auf eine demokratische Verfassungsrevision enttäuscht wurden, spitzte sich die Lage zu. Plötzlich stand die Frage der kantonalen Integrität im Vordergrund, was eine veritable Staatskrise bedeutete. Eine flächendeckende militärische Eskalation wurde nur knapp vermieden, die eidgenössische Intervention hingegen nicht. Unter dem enormen militärischen und politischen Druck verstummte die Sankt-Galler Volksbewegung. Die Niederlage für die Beteiligten war zuletzt total, weil sie nicht nur kein einziges Anliegen durchgebracht hatten, sondern darüber hinaus die Kosten für die militärische Intervention selbst berappen mussten.

1830/31: Verfassungskampf und Durchsetzung der direkten Demokratie

Die Bilanz der zweiten Sankt-Galler Volksbewegung in den Jahren 1830/31 sah am Ende bedeutend besser aus als die von 1815. Gründe dafür sind zeitspezifische strukturelle Veränderungen, aber auch das jeweils andere politische Umfeld. Wegen der gesamteuropäischen Kettenreaktion im Gefolge der Pariser Julirevolution waren die Monarchien 1830 mit sich selbst beschäftigt. Zudem standen nun mit England, Frankreich und Preussen drei Grossmächte für das Prinzip der Nichteinmischung ein; die Revolution war überall dort erfolgreich, wo sich im Schutz dieser drei Länder eigene Emanzipationsbewegungen entfalten konnten, wie gerade in der Schweiz, deren Bürger im Schatten der französisch-österreichischen Konkurrenz viele Kantonsverfassungen auf eine neue, demokratische Basis stellten.[50]

Die Gefahr einer Eskalation war nun viel kleiner als 1814. Das „System Metternich" und die Restaurationsregimes in den Schweizer Kantonen waren zu schwach und bereits zu sehr delegitimiert. Damit waren die Handlungsmöglichkeiten ganz anders, was auch ohne die Pariser Julirevolution der Fall gewesen

---

[49] Vgl. die umfangreiche Dokumentation in: StA SG (KA), R1-HA-52i.
[50] Vgl. Louis Bergeron, François Furet und Reinhart Koselleck, Die europäischen Revolutionen 1780–1848 (Lizenzausgabe der Fischer Weltgeschichte 26), Augsburg 2000, S. 263–267.

wäre und was auch Gallus Jakob Baumgartner schon 1828 gewusst haben dürfte, als er mit der Veröffentlichung der Sankt-Galler Staatsrechnung in die Offensive gegangen war.[51] Dann, im Juni 1830, wagte Kantons- und Stiftsarchivar Joseph Anton Henne einen weiteren Schritt: Er rief die Kantonsratsmitglieder dazu auf, ihm Berichte und Meinungen über das im Rat Besprochene zur Publikation einzusenden.[52] Später brachte er eine Flugschrift in Umlauf, welche die „Wünsche und Anträge" der Sankt-Galler Reformkräfte skizzierte.[53] Die Regierung berief den Grossen Rat gleich zu einer ausserordentlichen Sitzung ein. Dieser beschloss eine Revision der Verfassung und sprach sich für das Prinzip der Volkssouveränität aus, wählte aber grösstenteils höhere Beamte in die zuständige Kommission.[54]

Doch hatte sich inzwischen eine breite Volksbewegung daran gemacht, die herrschenden Verhältnisse mit einer „rein demokratischen" Verfassung gänzlich zu beseitigen. Am 27. November 1830 verlangte der Wirt Joseph Eichmüller, „Naglers Sepp", in Altstätten die Abhaltung einer Volksversammlung, welche vom Gemeinderat prompt angeordnet wurde.[55] Die an sich noch gültige Zensusbeschränkung wurde bei diesem Anlass in den Wind geschlagen. Staatsschreiber Baumgartner und Regierungsrat Näff, beide Einheimische, markierten ebenfalls Präsenz.[56] Einen Tag später versammelte sich die „Rheintalische Gesellschaft", gewissermassen „Honoratioren" der Region. Man stellte sich hinter „Naglers Sepps" Forderung, die Revisionskommission aufzulösen und einen Verfassungsrat zu wählen.[57]

Schon am 4. Dezember 1830 hatten sich rund 3000 Männer aus den meisten Toggenburger Gemeinden und aus Nachbargegenden in Wattwil besammelt.[58] In der Stadt Rapperswil versammelten sich zwei Tage später ungefähr 100 Bürger und forderten, dass ein Verfassungsrat vom Volk direkt gewählt werde. Eine ähnliche Bewegung in den Bezirken Uznach und Gaster wurde von populären

---

[51] Neue Zürcher Zeitung (NZZ), 16. Juli 1828, Nr. 57, S. 233–234.
[52] Vgl. Henne-Amrhyn (1863), S. 192. Die Zeitung hiess damals eigentlich „Der Freimüthige", die Schreibweise wurde erst später auf „Der Freimütige" angepasst. Im Text wird diese der heutigen Form entsprechende Schreibweise gewählt, in den Anmerkungen jedoch buchstabengetreu zitiert.
[53] [Gallus Jakob Baumgartner], Wünsche und Anträge eines St.Gallischen Bürgers für Verbesserung der Staatseinrichtungen dieses Kantons, in siebenundvierzig Punkten, Trogen 1830.
[54] Henne-Amrhyn (1863), S. 196–199; Gallus Jakob Baumgartner, Geschichte des schweizerischen Freistaates und Kantons St.Gallen, Bd. 3, hg. von Alexander Baumgartner, Einsiedeln 1890, S. 6–10.
[55] Vgl. Henne-Amrhyn (1863), S. 201; Baumgartner (1890), S. 13.
[56] Jakob Baumgartner, Erlebnisse auf dem Felde der Politik. Als Beitrag zur heimischen Geschichte, Schaffhausen 1844, S. 268–269.
[57] Vgl. Baumgartner (1890), S. 15.
[58] StA SG (KA), R1-10: Statthalter Obertoggenburg an die Regierung, 5. Dez. 1830; Baumgartner (1844), S. 280–281.

Wirten koordiniert. „Kreuz"-Wirt Raymann stellte neben seiner Gaststätte eine Bühne auf und mobilisierte ebenfalls 3000 Bürger.[59] Die Reaktion blieb nicht aus: Am 14. Dezember 1830 beschloss das Kantonsparlament, durch das Volk einen Verfassungsrat wählen zu lassen.[60] Per sofort fiel der verhasste Wahlzensus weg, und die Wahlen gingen problemlos über die Bühne.[61] Am 7. Januar 1831 versammelte sich der Verfassungsrat und fällte sogleich den Beschluss, die Sitzungen öffentlich abzuhalten. Es war zudem jedermann möglich, Ansichten, Wünsche und Entwürfe schriftlich einzureichen. Davon wurde in allen Regionen und Volksschichten ausgiebig Gebrauch gemacht.[62]

Möglich gemacht hatte dies eine Koalition aller reformfreudigen Kräfte: Liberale wie Demokraten kämpften Seite an Seite für ein allgemeines Männerwahlrecht. Ihr Hauptanliegen wurde rasch verwirklicht. Während der Ratsverhandlungen traten aber bald die politischen Differenzen zutage. Schon am 10. Januar äusserten die Führer der Demokraten die Drohung, das Gremium umgehend zu verlassen, falls die Verfassung dem Prinzip der direkten Demokratie nicht gerecht werde.[63] Die Reformkoalition brach auseinander, und die bildungsbürgerlich geprägten Liberalen gerieten in die Defensive. Es zeigte sich, dass die die Forderung nach direkter Demokratie nicht ignoriert werden konnte. Unversehens tauchte ein Kompromissvorschlag auf: Die Idee des „Vetos" war geboren. Die meisten Verfassungsratsmitglieder konnten sich dafür erwärmen, wobei sich just die Demokraten gegen die aus ihrer Sicht ungenügende Lösung stemmten.[64]

Am nächsten Tag, dem 13. Januar 1831, der als „Stecklidonstig" in die Sankt-Galler Geschichte eingehen sollte, versammelten sich etwa 600 zum Teil mit Stöcken bewaffnete Rheintaler vor dem Gebäude, in welchem der Verfassungsrat tagte. Dessen Sitzung musste unterbrochen werden, und einzelne Ratsmitglieder mischten sich unter das Volk. Baumgartner erklärte, dass tags zuvor mit dem Veto ein Zugeständnis gemacht worden sei, woraufhin die Bauern schliesslich abzogen.[65] Doch der Argwohn blieb: In den ländlichen Regionen verfolgte

---

[59] Vgl. Henne-Amrhyn (1863), S. 203–205.

[60] StA SG (KA), R1-11: Proklamation der Regierung und des Grossen Rates vom 14. Dez. 1830.

[61] Vgl. Baumgartner (1890), S. 19–20; Henne-Amrhyn (1863), S. 206–207. Der Wegfall des Zensus war eine grosse Innovationsleistung der Sankt-Galler Erneuerungsbewegung. Die doch als fortschrittlich geltende liberale Luzerner Kantonsverfassung von 1831 etwa sah weiterhin einen Zensus von 400 Fr. Vermögen vor. Vgl. Bossard-Borner, Heidi: Im Bann der Revolution. Der Kanton Luzern 1798–1831/50 (Luzerner Historische Veröffentlichungen, Bd. 34), Luzern/Stuttgart 1998, S. 394.

[62] Die handschriftlichen Eingaben befinden sich mehr oder weniger vollständig in: StA SG (KA), R1-12, gedruckte Eingaben in den Druckschriftensammlungen des Archivs oder in den Zeitungsbeständen.

[63] Vgl. Henne-Amrhyn (1863), S. 208.

[64] Vgl. Baumgartner (1890), S. 30–32.; Henne-Amrhyn (1863), S. 209.

[65] Schilderung nach Baumgartner (1890), S. 32–33.

man die Debatten aufmerksam weiter und war stets bereit, bei Bedarf den Rat „persönlich zu besuchen". Noch mehr als einen Monat danach machten sich etwa 70 Männer aus dem Toggenburg auf nach St.Gallen. Die Tribüne im Verfassungsratssaal war gerammelt voll, denn zahlreiche Bürger aus der Stadt markierten ebenfalls Präsenz. Als Major Diogg, der aus Rapperswil stammende Wortführer der Demokraten, im Rat in die Defensive geriet, riss bei den Toggenburgern auf der Bühne der Geduldsfaden. Einigen Wortwechseln folgte ein raues Handgemenge auf der Tribüne.[66]

Trotz des Widerstands konnte die Verfassung am 1. März 1831 als sein Werk verabschiedet werden.[67] Im Volk wurde wegen der Abstimmungsmodalitäten der Vorwurf des Wortbruchs laut. Kritisiert wurde das „Vetoprinzip", das jene Stimmberechtigten als Annehmende zählte, die den Abstimmungsversammlungen fernblieben.[68] Am 23. März 1831 fanden diese Versammlungen überall im Kanton statt. Als der Liberale Henne in Sargans eine Rede halten wollte, gab es beleidigende Zwischenrufe. Ähnlich erging es Ratsschreiber Baumgartner in seiner Heimat Altstätten, wo die Versammlung aufgelöst werden musste. Schliesslich wurden 19 782 Sankt-Galler Männer als annehmend gezählt, doch waren 12 692 davon Bürger, die gar nicht an den Versammlungen teilgenommen hatten. Das Resultat war also nur dank eines Tricks zustande gekommen.[69] Nach dieser Abstimmung sahen sich die Demokraten wie 1814 wieder als die Verlierer. Damals hatten sie vor einer militärischen Übermacht kapitulieren müssen, diesmal vor einem abstimmungstechnischen Manöver der Liberalen. Langfristig gesehen hatten sie dennoch gewonnen, brachte die Verfassung von 1831 doch eine nachhaltige Verbesserung der Partizipationsmöglichkeiten auf kantonaler Ebene. Und schliesslich bildete das Veto den ersten Schritt zur direkten Demokratie. Nur teilten die Demokraten diese Ex-post-Interpretation nicht. Der Kompromiss war für sie ungenügend, und sie waren der Meinung, dass mehr möglich gewesen wäre.

Nicht zuletzt die Veränderung der Institutionen selbst hatte im Lauf des Jahres 1830 gewaltsame Aktionen nachhaltig delegitimiert und einen konstruktiven Dialog ermöglicht. Die demokratischen Kräfte erreichten einen grossen Teil ihrer Ziele, ohne auf diese letzte aller Optionen zurückgreifen zu müssen. Schon vor der Verfassungsarbeit wurden die Partizipationsmöglichkeiten entscheidend erweitert. Die Behörden legten auch ein neues Verständnis von politischer Öffentlichkeit an den Tag. Hatten sie 1814 Proklamationen zur Mahnung, Massre-

---

[66] Die Ausführungen beruhen auf mehreren Berichten: StA SG (KA), R1-B4: Verfassungsratsprotokoll, S. 236–237; Beilage zum „Freimüthigen", 23. Febr. 1831, Nr. 8, S. 42f.; Henne-Amrhyn (1863), S. 220f.; Baumgartner (1844), S. 544–549.
[67] Vgl. Henne-Amrhyn (1863), S. 222; Baumgartner (1890), S. 54–55.
[68] Einsendungen, veröffentlicht im „Freimüthigen", 16. März, Nr. 11, S. 56, und 26. März 1831, Nr. 12, S. 59–60.
[69] Vgl. Henne-Amrhyn (1863), S. 225–227.

gelung und Einschüchterung der Bevölkerung erlassen, war deren Zweck 1831 die „Beruhigung des Volkes" – durch Information und Rechenschaft über das eigene Tun. In einem offenen und kontrollierbaren politischen Diskurs, geführt im Rahmen eines demokratisch gewählten Verfassungsrats, hatten Gewaltaktionen kaum mehr ihren Platz.

Politische Kultur und traditionelle Protestformen

Doch sind die Anwendung von Gewalt und die an frühneuzeitliche Volksaufstände gemahnenden Auftritte letztlich das, was die Sankt-Galler Volksbewegungen bis heute spektakulär macht. Ohne solche Aktionen hätte der direkten Demokratie kaum 1831 schon zum Durchbruch verholfen werden können. Es gab in der ländlichen Bevölkerung noch sehr viele Leute, die nicht über Zeitungen oder Druckschriften am politischen Diskurs teilnehmen konnten, sondern sich an älteren, auf physischer Präsenz beruhenden Praktiken orientieren mussten.[70] Eine überlieferte „Kultur des offenen Protests" entfaltete bei der Herausbildung eines spezifischen Repertoires politischer Verhaltensweisen eine Wirkungsmacht, die autonom und nicht restlos aus dem Kontext abzuleiten war.[71] Allem Anschein nach entfaltete sie diese Wirkungsmacht auch über den grossen revolutionären Umbruch hinaus bis ins 19. Jahrhundert. Die Artikulationsformen veränderten sich zwar im Untersuchungszeitraum, deren Wirkung allerdings verbesserte sich durch Innovationen wie jene der politischen Presse sogar noch.[72]

Die Volksbewegungen im Kanton St.Gallen folgten einem eingespielten, in der ländlichen politischen Kultur verankerten Muster. Viele Handlungen erinnern an Volks- und Widerstandsbewegungen aus der Frühen Neuzeit.[73] Die in den Quellen belegten Formen der politischen Manifestationen reichen von schriftlichen Eingaben bis zum militärischen Auszug. Gemeinsam ist ihnen, dass es sich um Formen des offenen Protests handelt. In praktisch allen untersuchten Regionen traten in der Frühen Neuzeit schon solche zutage – in den Gemeinden, aber auch auf Landschaftsebene und mit einem gegenüber den demokratischen

---

[70] Vgl. die ausführliche Darstellung dieser Praktiken bei Wickli (2006), S. 143–187.
[71] Vgl. Andreas Suter, Regionale politische Kulturen von Protest und Widerstand im Spätmittelalter und in der Frühen Neuzeit: Die schweizerische Eidgenossenschaft als Beispiel, in: Geschichte und Gesellschaft 21, 1995, S. 161–194, hier S. 193. Suter legt seine Thesen u. a. am Beispiel des Toggenburgs in der Frühen Neuzeit dar.
[72] Vgl. Wickli (2006), S. 134–142.
[73] Eine Forschungsrichtung im deutschsprachigen Raum vertritt die These, dass sich ländliche Revolten qualitativ und hinsichtlich des Handlungsrepertoires nach 1789 (bis 1848) kaum veränderten. Zu dieser Kontinuitätsthese vgl. Rolf Graber, Zeit des Teilens: Volksbewegungen und Volksunruhen auf der Zürcher Landschaft 1794–1804, Zürich 2003, S. 42–48.

Bewegungen des 19. Jahrhunderts gleichsam spiegelbildlichen Spektrum von Aktionen unterschiedlicher Intensität.[74]

Als Anführer der Sankt-Galler Volksbewegungen agierten „Volksmänner", die durch ihren Beruf oder ihre Ämter in der ländlichen Gesellschaft eine Schlüsselrolle einnahmen und in deren Kommunikationskanäle eingebunden waren – etwa als Amtsinhaber oder Wirt. Von ihrer sozialen Stellung her waren sie nicht unbedingt „Männer aus dem Volk", sondern viel eher Männer für das Volk oder Männer nach dem Gusto des Volks. Die Basis rekrutierte sich aus verschiedenen sozialen Schichten, es waren überwiegend Bauern oder Gewerbetreibende. Einige der Anführer schafften es, über ihre soziale Rolle hinaus eine fast religiöse Märtyreraura um sich aufzubauen. Andere wiederum nahmen aufgrund ihrer Bildung und/oder politischen Erfahrung die Rolle eines Mediators, eines Vermittlers zwischen den Kulturen wahr.[75]

Das Verfassen von Petitionen hatte ebenso traditionellen Charakter wie die offene Manifestation an Volksversammlungen. Die Landbevölkerung in verschiedenen Regionen war einer politischen Kultur verhaftet, zu deren Handlungsrepertoire in bestimmten Situationen auch der Einsatz von Gewalt gehörte. Von einer Kultur der Gewalt zu sprechen wäre dennoch verfehlt. Die Zerstörung von Sachwerten oder Übergriffe gegen Personen wurden immer als Ultima Ratio eingesetzt, oftmals blieb es bei der Drohung. Eher zutreffend wäre eine Bezeichnung als Kultur der direkten Konfrontation. Im Zentrum steht die Vorstellung, dass politische Interessen eher durchgesetzt werden können, wenn „das Volk" seine Haltung durch physische Präsenz markiert, wenn also die Auseinandersetzung gewissermassen Auge in Auge abläuft.

Schliesslich wurde Gewalt als Mittel der Politik aufgefasst und auch angewandt, jedoch innerhalb eines von beiden Seiten zu interpretierenden Wertesystems, das auf körperbetonten und in direkter Konfrontation durchgespielten symbolischen Interaktionen beruhte. Eingeübte, wenn auch historisch veränderbare Regeln und Standards der Gewaltausübung gehörten zur politischen Kultur der Frühen Neuzeit.[76] Erst in dem Moment, wo über die symbolische Aussage der Aktionen Unklarheit herrschte, wo die Codes gegenseitig nicht mehr verstanden wurden, fanden unter Umständen gefährliche Grenzüberschreitungen

---

[74] Vgl. den sorgfältig erarbeiteten Überblick bei Max Baumann, Konfessionelle, politische, wirtschaftliche Vielfalt, in: Sankt-Galler Geschichte 2003, Bd. 3, St.Gallen 2003, S. 11–149, hier S. 82–92. Für die bäuerlichen Rebellionen in den Territorien der Fürstabtei vgl. auch Peter Blickle, Bäuerliche Rebellionen im Fürststift St.Gallen, in: Aufruhr und Empörung? Studien zum bäuerlichen Widerstand im Alten Reich, hg. von Peter Blickle u. a., München 1980, S. 215–295.

[75] Vgl. die Analyse der Beteiligung bei Wickli (2006), S. 79–125.

[76] Vgl. Andreas Suter, „Troublen" im Fürstbistum Basel (1726–1740): Eine Fallstudie zum bäuerlichen Widerstand im 18. Jahrhundert (Veröffentlichungen des Max-Planck-Instituts für Geschichte 79), Göttingen 1985, S. 234–235.

statt.[77] Für die Sankt-Galler Volksbewegungen waren gewisse rituelle Formen von Gewaltandrohung oder Gewaltanwendung je nach Konjunktur und politischer Lage quasi aus einem Set von Handlungsoptionen abrufbar; das zur Verfügung stehende Repertoire blieb sich dabei über den gesamten Zeitraum hinweg in etwa gleich. Auch in Deutschland verharrten bäuerliche Proteste nach der Französischen Revolution noch in traditionellen Formen. Zerstörungen, Plünderungen und Alkoholexzesse gehörten nach wie vor dazu.[78] Letztlich kann man davon ausgehen, dass die liberale Mehrheit im Verfassungsrat von 1831 der Gesetzessanktion durch das Volk niemals zugestimmt hätte, hätten sich die Rheintaler Demokraten nicht mit Stöcken in Szene gesetzt.

Viele zwischen 1814 und 1831 angewandte Formen der Mobilisation und der politischen Manifestation erscheinen als traditionell, in einer Face-to-face-Gesellschaft verankert und deren Grenzen unterworfen. Und doch waren diese Formen auf dem Rückzug, in den ländlichen Regionen des Kantons St.Gallen wie anderswo. Die schwindende Bedeutung des traditionellen, ritualisierten Volksprotests im 19. Jahrhundert ist ein für ganz Westeuropa festzustellendes Phänomen.[79] Es ist unübersehbar, dass neue Foren für die Artikulation politischer Ansichten auch in St.Gallen genutzt wurden.[80] Dennoch blieb Gewalt in der Schweiz vielerorts ein Teil der politischen Kultur und ein Mittel des offenen Protests, zumindest bis zur Mitte des 19. Jahrhunderts. Erst die Volksbewegungen der 1860er Jahre scheinen die Gewalt als Mittel der politischen Auseinandersetzung hinter sich gelassen zu haben.[81] Es änderten sich aber auch die traditionellen Verhaltensformen. So war der Stock eine Anspielung auf früher angewandte Knüppelgewalt, gleichsam eine Karikatur von Verhaltensmustern, die langsam aber sicher aus der Mode gekommen waren.[82]

---

[77] So z. B. beim Übergriff auf eidgenössische Repräsentanten in Sargans 1814, vgl. Wickli (2006), S. 177–180.

[78] Vgl. dazu Christof Dipper, Die Bauernbefreiung in Deutschland 1790–1850, Stuttgart u. a. 1980; Karl H. Wegert, German Radicals Confront the Common People: Revolutionary Politics and Popular Politics 1789–1849 (Veröff. des Instituts für Europäische Geschichte Mainz, Abteilung Universalgeschichte 135), Mainz 1992, S. 114–115.

[79] Vgl. Julius R. Ruff, Violence in Early Modern Europe, Cambridge 2001, S. 213–214.

[80] Die demokratische Bewegung von 1830/31 hatte zwar keine eigene Zeitung, aber in Hennes "Freimüthigem" waren auch demokratische Postulate zu lesen. Vgl. Wickli (2006), S. 138–142.

[81] Es gab nur Drohungen mit bewaffneten Volkszügen von der Landschaft, nachdem noch in den Jahren 1839–1841 in verschiedenen Kantonen politische Gewalt zum Zug gekommen war. Vgl. Martin Schaffner, Die demokratische Bewegung der 1860er Jahre: Beschreibung und Erklärung der Zürcher Volksbewegung von 1867 (Basler Beiträge zur Geschichtswissenschaft 146), Basel/Frankfurt a. M. 1982, S. 47, 153–154.

[82] Das lässt sich an den Sankt-Galler Volksbewegungen gut darlegen, wo noch 1814 Knüppel und gar Schusswaffen mitgeführt wurden, während 1831 nur noch Stöcke zum Einsatz kamen. Vgl. Wickli (2006), S. 158ff. und 180ff.

Politische Kultur und „volkstümliche" Staatsvorstellungen

In erster Linie wollten die Demokraten 1814 „weniger Lasten und mehr Demokratie"[83] oder einfach eine „mildere Regierung".[84] Einige sprachen direkt aus, dass sie eine Verfassung nach Appenzeller Vorbild, also eine Landsgemeindeverfassung, wünschten.[85] Bei näherer Betrachtung erweist sich die Staatsvorstellung der Sankt-Galler Demokraten hingegen als viel ausdifferenzierter, was sich zum Beispiel in ihren Äusserungen zum Justizwesen zeigte. Es herrschte eine starke Abneigung gegen das zunehmend professionalisierte Gerichtswesen, bis hin zum Wunsch, dass „die Gerichte vermindert werden".[86] Die Advokaten waren unbeliebt und wurden fast schon als Volksfeinde verunglimpft: Schlau und kostspielig seien diese Herren.[87] Die Demokraten wünschten sich eine Kompetenzdelegation nach unten, eine Entprofessionalisierung der Justiz, mehr Einfluss des Volkes auf die Besetzung der Richterstellen und generell eine weniger komplexe und billigere Rechtspflege.[88]

Überlieferte Formen des Strafvollzugs wurden modernen Einrichtungen vorgezogen: Das „Schellenwerk" (Gefängnis für Kettensträflinge) wurde als zu teuer kritisiert, und man verstand nicht, weshalb ein Straffälliger im „Zuchthaus herum gepflegt wird".[89] Nicht nur das Kostenargument war wichtig, sondern auch der Wunsch nach einer sichtbaren Staatsmacht, nach transparenter staatlicher Tätigkeit: Die Symbolsprache öffentlicher Hinrichtungen war leichter zu verstehen als die schriftlich fixierten, abstrakten Grundsätze des modernen Strafrechts.

Transparenz forderten die Demokraten auch in den Bereichen der Legislative und der Exekutive. Ein wichtiges Mittel gegen Machtmissbrauch sahen sie in

---

[83] Zentralbibliothek Zürich (ZB ZH), Ms G 60: Gemeindammann Boxler von Uznach, 18. Jan. 1815.
[84] Schweizerisches Bundesarchiv (BAR), D, Bd. 867: Bericht der eidg. Repräsentanten, 9. Okt. 1814.
[85] StA SG (KA), R1-7a-II: Bäcker Bärlocher, 10. Jan. 1815; StA SG (KA), R1-7a-I: Bartholome Keller, 24. Sept. 1814.
[86] StA SG (KA), R1-12: Gemeinde- und Verwaltungsräte der Gemeinden Berg und Tübach, 17. Jan. 1831.
[87] ZB ZH, Ms G 60: Ammänner von Gossau, Andwil, Waldkirch und Niederwil an die eidg. Repräsentanten, Gossau, 30. Nov. 1814, S. 11; StA SG (KA), R1-5: Bericht des Gossauer Vollziehungsbeamten, 24. Okt. 1814.
[88] Solche Forderungen sind u. a. vor dem Hintergrund einer gemeindlich-genossenschaftlichen Rechtskultur des gütlichen Ausgleichs zu sehen. Vgl. Barbara Weinmann, Eine andere Bürgergesellschaft: Klassischer Republikanismus und Kommunalismus im Kanton Zürich im späten 18. und 19. Jahrhundert, Göttingen 2002, S. 236–237.
[89] StA SG (KA), R1-4: Gemeinderat von Berneck an die Verfassungskommission, o. D. [Juni 1814]; Bittschrift, welche die Deputierten des Rheintals dem Präsidenten der Tagsatzung in Zürich übergaben, o. D.

der Beschränkung von Amtsdauern, welche niemals „permanent" sein dürften.[90] Zentral war die regelmässig wiederkehrende Konsultation der Wähler, gemäss dem am meisten gemachten Vorschlag alle zwei Jahre.[91] Die Staatskanzlei hatte in den Augen so manchen Bürgers zuviel Personal: Sparpotenzial wäre nicht nur beim Gehalt höherer Behördenmitglieder, sondern zum Beispiel auch beim Büromaterial vorhanden gewesen, hiess es.[92] Als Gegenmassnahme wurde eine Reduktion der Anzahl Mitglieder einzelner Behörden gefordert.[93] Der Wunsch nach einem einfachen und durchschaubaren Staatswesen war allgegenwärtig. Man glaubte die Volkssouveränität garantiert, „wenn alles offen ist und offen geschieht."[94] Im Postulat für Öffentlichkeit und Transparenz waren sich Demokraten und Liberale einig, auch wenn Erstere etwa vom Segen der Pressefreiheit nicht restlos überzeugt waren.[95] Universal geltende Freiheitsrechte gehörten eben nicht zu den Kernforderungen der Volksbewegung. Rechte hingegen, die der Bürgerschaft im politischen Alltag mehr Einfluss versprachen, waren populär.

Dies galt zuallererst für das Wahlrecht. Für die Sankt-Galler Demokraten war das allgemeine Männerwahlrecht ein wesentlicher Pfeiler dessen, was sie mit dem Begriff der Volkssouveränität umschrieben, und wurde als schweizerische Tradition gedeutet.[96] 1814 plädierten Versammlungsteilnehmer dafür, dass man die „altschweitzerischen Rechte" wieder erhalte, die „freye Wahl".[97] Die Demo-

---

[90] Volkwünsche aus dem Sarganserlande, ob dem Schollberg. Eingesandt von einem Geistlichen desselben, in [Josef Anton] Henne, Volkswünsche bei Anlass der St. Gallischen Verfassungsverbesserung (beschlossen im Gr. Rat am 8. d. Winterm. 1830), St.Gallen 1830, S. 41–45, hier 45.
[91] Vgl. Wünsche und Anträge, S. 6.
[92] ZB ZH, Ms G 60: Bemerkungen über die Staats-Oeconomie des Kantons St.Gallen, S. 3–4. StA SG (KA), R1-4: Gemeinderat von Marbach, 21. Juni 1814; Vom Gemeinderat Altstätten gewählte Kommission, 20. Juni 1814.
[93] Zahlreiche Eingaben in diesem Sinn, nicht weiter konkretisiert z. B. in StA SG (KA), R1-10: Forderungen der Wattwiler Volksversammlung vom 4. Dez. 1830; StA SG (KA), R1-12: Verfassungsrat Bösch von Neu St.Johann, 5. April 1831; StA SG (KA), R1-4: Vom Gemeinderat Balgach ernannte Kommission, 22. Juni 1814.
[94] StA SG (KA), R1-16: Jacob Hug und Johann O. Schaffhauser an den Kreisammann, 24. März 1831.
[95] Vgl. die Zitate bei Wickli (2006), S. 368f.
[96] StA SG (KA), R1-5: Vertreter der Gemeinden Gossau, Andwil, Niederwil und Waldkirch an die eidg. Repräsentanten, 29. Sept. 1814, verlangen die Annullierung des Verfassungsentwurfs, damit „unsere freye Schweitzerische Wahl noch etwas vermag". Im Kt. Zürich, wo der Zensus auch 1831 noch bestehen blieb, meinten einige Petenten von der Landschaft, die Vorfahren hätten für ein so verächtliches System wohl niemals „Gut, Blut und Leben gewagt". Zit. Weinmann (2002), S. 243.
[97] StA SG (KA), R1-5 Forts.: Schreiben der im „Hirschen" versammelten „Zuzüge" an den Gemeinderat von Gossau, 26. Sept. 1814; StA SG (KA), R 1-12: Kreisammann Lorentz von Gossau, 9. Dez. 1830.

kraten waren nicht per se gegen Ausschlüsse von der politischen Partizipation, bevorzugten aber andere Barrieren als das vor 1830 gültige Zensuswahlrecht: Sie setzen die politische Partizipation nicht in Beziehung zum Besitz, sondern zur Wehrpflicht.[98]

Die politische Kultur der Landsgemeindeorte war durchaus eine Kultur des Ausschlusses. Das Selbstverständnis als Nutzniesser eines von den Vorfahren errungenen Privilegs zog den Ausschluss von Nicht-Privilegierten, ja sogar die Unterjochung von Untertanen, mit sich.[99] Anderseits ist die integrative Seite der Landsgemeindekultur genauso zu betonen, und zwar im ökonomischen Bereich. War jemand von seiner Herkunft her ein Landmann, so war er grundsätzlich stimmberechtigt. Aufständische Luzerner Bauern meinten im 18. Jahrhundert: Wenn in einem Landsgemeindekanton „nur einer eine Geiss vermöge, habe er zu allen Sachen zu reden".[100] Im Vergleich zu den Kantonen mit Zensusbestimmungen konnte auch im frühen 19. Jahrhundert noch ein weit grösserer Teil der männlichen Bürger partizipieren.[101]

Die Integration der Frauen in den politischen Prozess lag im frühen 19. Jahrhundert noch in weiter Ferne.[102] Hier wollten die Demokraten nicht weiter gehen als die Liberalen. Im Gegenteil: Die Feststellung, dass Frauen umso eher ausgeschlossen werden, je stärker ein System in Richtung der „reinen Demokratie" tendiert,[103] ist nicht zu widerlegen. In den Frauenstimmrechtsdebatten des 20. Jahrhunderts hiess es, dass es der Volksrechte wegen die Männerdemokratie als „schweizerische Tradition" zu verteidigen gelte.[104] Die Sankt-Galler Demokraten machten wie gesagt Stimmrecht und Wehrpflicht voneinander abhängig, dies

---

[98] Vgl. dazu Wickli (2006), S. 385f.

[99] So hatten in Schwyz die Männer der Bezirke March und Höfe nur eingeschränkte Rechte, die Leventina war ein Untertanengebiet der Urner Landsgemeinde und das Veltlin ein solches der Bündner Gemeinden. Vgl. Peyer (1978), S. 107–116.

[100] Zit. Martin Merki-Vollenwyder, Unruhige Untertanen: Die Rebellion der Luzerner Bauern im Zweiten Villmergerkrieg (1712) (Luzerner Historische Veröffentlichungen 29), Luzern/Stuttgart 1995, S. 126.

[101] In Glarus z. B. waren vor und nach 1798 jeweils mehr als 95 % der Bevölkerung Landleute. Wer männlich und über 16-jährig war, war an der Landsgemeinde stimmberechtigt. Vgl. die Zahlen und Aufstellungen bei Hans Rudolf Stauffacher, Herrschaft und Landsgemeinde: Die Machtelite in Evangelisch-Glarus vor und nach der Helvetischen Revolution, Glarus 1989, S. 27, 272.

[102] Vgl. etwa Beatrix Mesmer, Ausgeklammert – Eingeklammert: Frauen und Frauenorganisationen in der Schweiz des 19. Jahrhunderts, Basel 1988, S. 5–6.

[103] Iris von Roten führt in ihrem viel zitierten Werk aus den 1950er Jahren die Schweiz als markantestes Beispiel für diese Tatsache an. Vgl. Iris von Roten, Frauen im Laufgitter: Offene Worte zur Stellung der Frau, Bern 1958 (^{5}1996), S. 491.

[104] Vgl. Sibylle Hardmeier, Frühe Frauenstimmrechtsbewegung in der Schweiz (1890–1930): Argumente, Strategien, Netzwerk und Gegenbewegung, Zürich 1987, S. 44, 346.

wiederum nach dem Vorbild der Landsgemeindedemokratien,[105] wo dieser Zusammenhang auch äusserlich erkennbar war.[106] Daneben spielte die „Hausväterdemokratie" eine Rolle: In ländlichen Nutzungskorporationen waren es die Männer, die als Vertreter ihrer Familien über alltägliche Fragen entschieden.[107] Dennoch gibt es in den Quellen Hinweise dafür, dass in der ländlichen politischen Kultur der Gedanke eines Einbezugs der Frauen nicht gänzlich ausserhalb des Vorstellungshorizontes lag. Gallati beschreibt in seinem Tagebuch die Sarganser Landsgemeinde vom September 1814 und fügt an, es hätten „die Weiber auch geholfen mehren".[108]

Im 19. Jahrhundert waren ökonomisch begründete Ausschlussregeln noch weit verbreitet. Um das Stimmrecht ausüben zu können, musste man „in bürgerlichen Ehren stehen", durfte nicht bevormundet und nicht von Armenunterstützung abhängig sein.[109] Diesen letzteren Ausschlussgrund fand der demokratische Verfassungsrat Diogg ungerecht.[110] Nichtsdestotrotz blieben die meisten Barrieren in der Verfassung von 1831 bestehen, sodass die Stimmberechtigten auch danach nur gerade 20 Prozent aller im Kanton lebenden Personen ausmachten: Zwei Drittel der Kantonsbevölkerung waren wegen des Geschlechts oder des Alters nicht partizipationsberechtigt. Im Vergleich dazu fallen die Diskriminierungen wegen des Bürgerrechts und der Ausschluss zahlungsunfähiger, armen-

---

[105] Vgl. Rudolf Jaun, „Weder Frauen-Hauswehr noch Frauen-Stimmrecht" – Zum Zusammenhang von Geschlecht, Stimmrecht und Wehrpflicht in der Schweiz, in: Itinera 20, 1998, S. 125–136, S. 127.

[106] Symbolisiert durch das „Seitengewehr" (den Säbel, Degen oder Dolch), das als Stimmausweis mitgeführt wurde Vgl. John Bendix, Brauchtum und Politik: Die Landsgemeinde in Appenzell-Ausserrhoden (Appenzeller Brauchtum 4), Herisau 1993, S. 49–54.

[107] Vgl. Mesmer (1988), S. 7.

[108] Staatsarchiv Luzern (StA LU), Archiv Good, 1814er-Handel: Über die Landsgemeinde vom 18. Herbstm. 1814, abgehalten zu Sargans, persönliche Notizen Gallatis, o. D. Die Anwesenheit von Burschen, Frauen und Kindern erwähnt auch Escher, in ZB ZH, Ms G 60: Angaben über die Insurrection im Bezirk Sargans, Anm. 8, S. 7 (Bleistiftbezeichnung S. 4, weil foliiert).

[109] StA SG (KA), R1-10: Gasezer und Sulser an die Revisionskommission, Azmoos, 2. Nov. 1830, S. 7; StA SG (KA), R1-12: Alt Schullehrer J. Georg Abderhalden, 5. Jan. [1831]; Kommissionsmitglieder von St.Gallenkappel, 9. Jan. 1831; Pfarrer Wäspin in Stein, 1831; Advokatenkollegium des Kantons St.Gallen, o. D., § 13; Memorial der von der Stadtgemeinde St.Gallen ernannten Kommission, o. D., Art. 17; vgl. auch: Wünsche und Anträge von zwei Bürgern des St.Gallischen Oberlandes, unter dem Schollberg, anonym, in Henne: Volkswünsche, S. 23–40, hier 35.

[110] Verhandlungen des Verfassungsrathes vom Schweizerkanton St.Gallen (beschlossen im Gr. Rath am 17. des Christmonats 1830, und angefangen am 7. des Jenners 1831 in St.Gallen), als Anhang zu den Volkswünschen herausgegeben durch Dr. Henne aus Sargans, Mitglied dieses Rathes, Redakt. des Freimüthigen, St.Gallen 1831, S. 199–201. Die Zitate entstammen diesem Text.

genössiger oder „sittenloser" Männer zahlenmässig bescheiden aus.[111] Die Wirkung darf dennoch nicht vernachlässigt werden, auch wenn der Fortschritt gegenüber den früheren Zensusbestimmungen offensichtlich ist. Die Demokraten hatten das Ziel, neben der Legislative auch alle Exekutivgremien mittels Wahlen bestellen zu können, was sie als Teil einer umfassenden Souveränität verstanden.[112] Kein Beamter im Staatsdienst sollte ohne die Gunst des Volks in sein Amt eingesetzt oder dort belassen werden. Die Wähler sollten ihnen Legitimation und Auftrag erteilen – nicht die Regierung. Die Wahlen müssten zudem direkt sein und wenn möglich an landsgemeindeähnlichen Versammlungen mit offenem Handmehr stattfinden.[113]

Eine grosse Gruppe von Petenten wünschte 1831 „eine rein democratische, rein volksthümliche Verfassung, vermöge welcher das Volk die oberste Gewalt ausüben, selbsten wählen, die Gesetze wie Verfassung genehmigen oder verwerfen [...] kann". Weiter verlangte man, „dass in der Verfassung ein Artikel festgesetzt werde, der uns zusichert, dass wir alle Beamteten durch alle Behörden im Kanton [...]selbst wählen und bestellen können".[114] Diese Textausschnitte bringen die grundlegenden Elemente des ländlich-demokratischen Souveränitätsverständnisses prägnant zum Ausdruck. In einer „rein demokratischen" Verfassung muss dem Volk neben dem Wahlrecht das Recht zustehen, die Gesetze wie auch die Verfassung gleichermassen zu sanktionieren – anzunehmen oder eben zu verwerfen. Mit ihrer Staatsvorstellung skizzierten die Demokraten in der Verfassungsdebatte ein Gegenbild zur bereits etablierten repräsentativen Demokratie.

Der Kernbegriff, um den sich die Diskussionen drehten, war jener der Volkssouveränität. Hier wurde ein Begriff im Sinn der eigenen Staatsvorstellung situativ umgedeutet, der gerade Konjunktur hatte, als Schlüsselbegriff aller Verfassungsrevisionen in den Schweizer Kantonen während der Regeneration.[115] In der Sankt-Galler Debatte ging es nur um die unterschiedliche Interpretation des Grundsatzes. Der Demokrat Eichmüller zum Beispiel präzisierte seine Vorstellung mit dem Anspruch, die Souveränität müsse „rein demokratisch sein", er protestiere gegen „alles Repräsentativ[e]".[116] Für die Repräsentanten der ländlichen Volksbewegung liess der Begriff Volkssouveränität keine Kompromisse

---

[111] Alle Details und ein Diagramm finden sich in: Wickli (2006), S. 391–395.
[112] StA SG (KA), R1-12: Änderungsvorschläge der Gemeinde Rüthi, 1. März 1831; Verfassungsrat Bösch, Neu St.Johann, 5. April 1831; StA SG (KA), R1-16: Bericht über die Kreisversammlung in Nesslau, 23. März 1831.
[113] Vgl. Wickli (2006), S. 396–401.
[114] StA SG (KA), R1-12: verschiedene Varianten des gleichen Eingabetextes von verschiedenen Gemeinden aus den Bezirken Uznach und Sargans, Febr. 1831.
[115] Vgl. Ernst Diethelm, Der Einfluss der Theorie der Volksouveränität auf die eidgenössischen und kantonalen Verfassungen nach 1798, Pfäffikon-Zürich 1939, S. 44–48.
[116] Vgl. Henne (1831), S. 36.

und keinen Interpretationsspielraum zu: Er meinte die „reine Demokratie". Major Diogg vertrat die Rousseau'sche Auffassung, dass Souveränität niemals delegiert werden könne und der Souverän die Gesetze selber gestalten müsse. Die Kompetenz der Gesetzgebung wollten die Anhänger der „reinen Demokratie" auf jeden Fall direkt dem Volk vorbehalten. Das Gesetzgebungsrecht sollte nicht wie bis anhin einer kantonalen Behörde vorbehalten sein.[117] Nach Dioggs Erfahrung war das Recht der Gesetzgebung in der Vergangenheit in „krass aristokratischer" Weise missbraucht worden.[118]

Das demokratische Souveränitätsverständnis enthielt im Kern sogar die Vorstellung, an der Gesetzgebung mitwirken, deren Fortgang aktiv mitgestalten zu können. Eine Druckschrift aus dem Toggenburg trichterte dem Volk ein, was sein Recht sei, nämlich „höchste und Erste Behörde zu seyn, und als solche Gesetze zu geben".[119] Dahinter stand die Vorstellung einer umfassenden, „unbedingten" Souveränität.[120] Diese war wegen der Delegation von judikativer und exekutiver Gewalt nach Meinung der Demokraten sowieso nur zu einem Drittel erfüllt und würde durch die Delegation der Gesetzgebung vollends beschnitten.[121] Die Demokraten waren überzeugt, dass das Volk besonnen genug war, um zu wissen, „dass Gesetze da sein müssen".[122] Die politischen Gegner hatten nämlich zuvor das Schreckgespenst der Anarchie heraufbeschworen.[123] In einer liberalen Zeitung wurde die Frage aufgeworfen, welcher Zustand denn nun der bessere sei: „Alles für das Volk, nichts durch das Volk", wie früher, oder der nun drohende unter dem Motto „Alles durch das Volk, nichts für das Volk".[124] In diesen Kreisen herrschte die Überzeugung, das Volk könne selbst nicht ermessen, was ihm zum Vorteil gereiche, würde also letztlich gegen seine eigenen Interessen stimmen.[125] Was sich dann auf dem Land durchsetzen würde, sei „der Wille einiger Anführer und Häuptlinge, oft selbstsüchtiger Demagogen und ihrer Haufen".[126]

Die Demokraten fürchteten Unberechenbarkeit genauso wie die Liberalen, nur hatten sie eine ganz andere Vorstellung von Repräsentation. Der demokrati-

---

[117] StA SG (KA), R1-B4: Verfassungsratsprotokoll, 4. Sitzung, 11. Jan. 1831, S. 29.
[118] Diogg in der Sitzung vom 12. Jan. 1831, zit. Henne (1831), S. 61.
[119] Vgl. An die Bürger des Kantons St.Gallen, wie sie heissen, und wo sie wohnen mögen, unsern herzlichen Gruss!, [Toggenburg] 1830.
[120] Vgl. z. B. die Voten von Buchdrucker Keller, in Henne (1831), S. 56, 66.
[121] Vgl. das Votum von Adj. Göldi im Verfassungsrat, in Henne (1831), S. 56.
[122] Verfassungsräte Steiger und Graf in der Sitzung vom 12. Jan., zit. Henne (1831), S. 64 und S. 67.
[123] Vgl. Beilage zu Nr. 3 des Erzählers, 21. Jan. 1831, S. 17.
[124] Vgl. Beilage zum „Erzähler", 11. März 1831, Nr. 10, S. 79: Ansichten und Gegenansichten im Kanton St.Gallen.
[125] Vgl. Der Freimüthige, 19. Jan. 1831, Nr. 3, S. 11–12: Vorschläge eingereicht von einem Verein vaterländisch gesinnter Männer an den Verfassungsrat, St.Gallen, 17. Jan. 1831.
[126] Zitat von Henne, zit. Henne: Verhandlungen (1831), S. 48.

schen Staatsvorstellung gemäss war ein Repräsentant seinen Wählern zur Rechenschaft verpflichtet und hatte sich für deren Interessen einzusetzen. Tat er dies nicht, musste man ihm diese Interessen mit verständlichen Mitteln in Erinnerung rufen. Hier trifft sich der Gehalt einer staatsrechtlichen Forderung mit dem Sinn einer eingespielten Handlungsform. Da ist wieder die zentrale Forderung nach Transparenz der politischen Prozesse. Die demokratischen Kräfte wollten direkt einwirken und die Gesetze selbst sanktionieren, weil sie nicht glaubten, durch Petitionen an den Grossen Rat etwas bewegen zu können.[127] Dafür waren ihnen die in ein parlamentarisches Gremium eingebundenen Repräsentanten zu weit weg und zu wenig kontrollierbar. Folgerichtig schlugen sie vor, dass das Stimmvolk in Kreisversammlungen über die Gesetze abstimmen und die Entscheide den Kantonsräten als verbindliche Instruktion mitgeben könne.[128]

Der Grosse Rat hatte nach Meinung des „Volksmanns" Gallati eine „umfassende, und nicht eben ganz sichtbare Gewalt, welche [...] immermehr ausgedehnt und fixirt werden könnte". Man bräuchte nur „einen geübten Reiter auf ein muthiges, wohl gehäbertes Pferd" zu setzen, und dieser wäre nicht mehr aufzuhalten.[129] Die Demokraten prophezeiten eine schwer kontrollierbare Eigendynamik im Grossen Rat, vor allem aber den Einfluss besonders profilierter Politiker. Sie hatten Angst, diese Behörde könnte „in die Hände weniger Saal-Dictatoren fallen".[130] Lieber einen gemächlicheren, dafür besonnenen und breiter abgestützten Prozess im Volk, als allzu schnelle Parlamentsentscheide nach „gefälligem Händeemporstreken eines Kantonsraths".[131] Viele „Volksmänner" hatten in ihrem lokalen Umfeld grossen Einfluss, weshalb sie auch als „Dorftyrannen" bezeichnet wurden,[132] während sie in einem von Funktionseliten dominierten Parlament eher zu Randfiguren wurden. Sie fürchteten deshalb die erfah-

---

[127] Volksthümliche Ansichten oder die ganze neue Verfassung des Kantons St.Gallen. Wie man glaubt, dass sie für das Volk angemessen und gut sey, und wie man wünscht, dass sie im Jahre 1831 herauskommen werde. Allen Volksfreunden zu Stadt und Land, vorzüglich aber dem Verfassungsrath, zur Beherzigung herausgegeben, von einigen freiheitsliebenden Toggenburgern, Lichtensteig 1830, S. 8.
[128] StA SG (KA), R1-12: Eingabe aus Wil an den Verfassungsrat, 10. Jan. 1831, mit 15 Unterschriften.
[129] StA LU, Archiv Good, J. B. Gallati: Notata über die neüe Verfassung, o. D., S. 20.
[130] Vgl. [Basil Ferdinand Curti und Joseph Anton Henne], Noten und etwas Text dazu, zur zeitgemässen Umwandlung einiger Punkte der St.Gallischen Staatseinrichtung, geweiht dem St.Gallischen Volk und seinem Grossen Rathe von einem Kantonsbürger, St.Gallen 1830, S. 7.
[131] StA SG (KA), R1-12: Eingabe an den Verfassungsrat, Wil, 10. Jan. 1831, mit 15 Unterschriften.
[132] Vgl. Wickli (2006), S. 83.

renen und gut organisierten Honoratioren, welche das Volk „mit glänzender Beredsamkeit" zu blenden verstünden.[133]

Die Staatsvorstellungen der Sankt-Galler Demokraten basierten auf einer spezifisch schweizerischen politischen Kultur, nämlich jener der Landsgemeinden: Die Vorstellung, Stellen in der Exekutive und in der Justiz durch das Volk besetzen zu lassen, und der Wunsch nach kurzen Amtsdauern sind Indizien dafür.[134] Die Protagonisten der „reinen Demokratie" forderten einen Staat, in dem das Volk seine Souveränität in Form des allgemeinen Männerwahlrechts und gleichzeitig der gesetzgebenden Gewalt ausübt. Die Wahlen sollten in Versammlungen mit offenem Handmehr vor sich gehen und alle „Staatsdiener" betreffen. Der immer wieder geäusserte Wunsch nach tieferen Steuern ist nicht nur als isoliertes finanzpolitisches Anliegen zu werten; er war Teil des in der politischen Kultur inhärenten Ideals vom „wohlfeilen" Staat mit schmalem Haushaltsbudget, einem überschaubaren Justizwesen, wenig Beamten und einer dezentralen Struktur. Die von der Landsgemeindekultur inspirierten demokratischen Forderungen können aber nur unter Einbezug zeitgenössischer politischer Erfahrungen hinreichend erklärt werden.

Reale Vorbilder und politische Erfahrungen

Im Jahr 1814 wurde gefordert, dass das Staatswesen „den ökonomischen Verhältnissen des Volkes angemessener eingerichtet werden möchte". Durch eine Strukturanpassung sollten „die ungeheüern Abgaben gehemt" werden.[135] Es wird evident, dass die 1798 begonnene „période française" von der Landbevölkerung im Kanton St.Gallen als eine teure Angelegenheit wahrgenommen wurde.[136] Vor allem die Steuerpolitik wurde kritisiert, und in der Tat hatte sich in diesem Bereich in den Jahrzehnten zuvor einiges getan. Die Helvetik hatte die Staatsfinanzierung auf neue Grundlagen gestellt und einen Systembruch im Steuerwesen bewirkt. Der 1803 neu geschaffene Kanton St.Gallen war auf Steuereinnahmen angewiesen und musste seine Finanzpolitik mangels Alternativen darauf ausrichten. Diese Entwicklung wurde 1814 von Exponenten der demokratischen Volksbewegung kritisiert.

---

[133] Vgl. Henne (1831), S. 58.

[134] Die Landsgemeinde war in den demokratischen Kantonen die oberste Wahlbehörde. Darüber hinaus griff sie in die Exekutive ein, indem sie wichtige Sachbeschlüsse fällte, vgl. Silvano Möckli, Die schweizerischen Landsgemeinde-Demokratien (Staat und Politik 34), Bern 1987, S. 26–29. Zur Volkswahl der Behörden mit offenem Handmehr als zentralem Element der Landsgemeindedemokratie vgl. Adler (2004), S. 112, 201.

[135] StA SG (KA), R1-8: Bericht des Gemeinderats Anton Hoby von Mels, 8. Okt. 1816; Ein Bürger von Thal an die Regierung, 16. Dez. 1816.

[136] In einer Quelle heisst es, dass die alte Verfassung, nebst allen andern Mängeln, nur schon der Kostspieligkeit wegen allerorten verhasst gewesen sei. StA SG (KA), R1-HA-14a: Protokoll, S. 1.

Die Argumentation der Demokraten stützte sich vor allem auf die Überzeugung, dass man im Kanton St.Gallen generell zu hohe Steuern bezahle, höhere jedenfalls als in den Landsgemeindekantonen. Tatsächlich hatte sich zum Beispiel der Stand Schwyz die Idee einer geringen Fiskalbelastung der Landleute quasi als Systemmerkmal einverleibt.[137] Im Kanton Uri waren die Landleute gar Nettoprofiteure des Staatshaushalts, weil Zollerträge dort eine sehr ergiebige Einnahmequelle waren.[138] Die Höhe der Steuern in den Kantonen hing stark von solchen alternativen Einnahmequellen ab, aber wahrscheinlich auch vom Grad der Partizipation des „gemeinen Mannes". Eine an der Landsgemeinde ausgeübte Volkssouveränität verunmöglichte den Bezug von direkten Steuern nicht per se, erschwerte ihn in Einzelfällen aber durchaus, wie der Kanton Appenzell Innerrhoden beweist.[139] Es gab dort also Landsgemeindeentscheide in Richtung einer „Steuerverhinderungspolitik", sodass das an der Landsgemeinde ausgeübte Mitbestimmungsrecht eine bremsende Wirkung auf das Wachstum des Staatshaushalts hatte.

In St.Gallen gab es diese Mitbestimmung nicht, und die Bevölkerung musste die Übernahme neuer Aufgaben durch den Staat mit steigenden Abgaben berappen. Man klagte nicht nur darüber, dass die Belastungen andernorts geringer seien, sondern auch über die Tendenz, dass der Staat seine Bürgerinnen und Bürger immer stärker zur Kasse bitten musste. Dies führte zu einer Idealisierung der alten Zustände: Früher sei man mit der Ablieferung des Fasnachtshuhns von übrigen Belastungen frei gewesen, hiess es etwa, oder „unter dem Fürsten" [dem einstigen Sankt-Galler Fürstabt] habe man nichts zahlen müssen.[140] 1830/31 war dann nicht mehr die Steuerlast an sich, sondern die Art der Zwangsabgaben eine Streitfrage. Kritisiert wurde die strategische Verschiebung hin zu den indirekten

---

[137] Die Schwyzer Staatskasse hatte vor 1798 stark vom Solddienst und von den Untertanengebieten profitiert, sodass man die Landleute von direkten Steuern verschonen und an Bedürftige gar Almosen auszahlen konnte. Durch den Zugang zu den ökonomischen Ressourcen des Kantons (Alpen, Allmenden etc.) profitierten die Landleute zusätzlich. Vgl. Adler (2004), S. 18–20.
[138] Vgl. Urs Kälin, Die Urner Magistratenfamilien: Herrschaft, ökonomische Lage und Lebensstil einer ländlichen Oberschicht, 1700–1850, Zürich 1991, S. 73–76. Es muss allerdings erwähnt werden, dass sich die Grundlagen für diese steuerlichen Privilegierungen zu Beginn des 19. Jhs. massiv verschlechterten (gemäss Kälin, S. 345), sodass das „Steuerparadies" Uri schon 1814 nicht mehr in der besten Form gewesen sein dürfte.
[139] 1824 sprachen einige Innerrhoder Landleute wegen einer früheren Steuererhöhung vor und verlangten, dass alle vom Rat seit 1807 gemachten Beschlüsse dem Souverän vorgelegt würden. Um Letzteres zu verhindern, kamen die Behörden den Petenten entgegen und reduzierten einige indirekte Abgaben. Vgl. Georg Schanz, Die Steuern der Schweiz in ihrer Entwicklung seit Beginn des 19. Jahrhunderts, Bd. 3, Stuttgart 1890, S. 11–17.
[140] StA SG (KA), R1-5: Friedensrichter Müller von Mosnang, 19. Sept. 1814. StA SG (KA), R1-7: Bericht über die Kreisversammlung in Oberbüren, 18. Sept. 1814.

Steuern.[141] Im Verfassungsrat bezeichneten einzelne Demokraten den von der Regierung geplanten Verzicht auf die Vermögenssteuer als unsozial und als Beleg für eine eigenmächtige Gesetzgebung der Eliten.[142] Man hielt es für ungerecht, wenn „Wittwen und Waisen für die Reichen steuern"[143] und machte die indirekten Steuern für eine Art Umverteilung von unten nach oben verantwortlich.

Nebst anderen Steuern und Patenten[144] gab die Hundesteuer vielfachen Anlass zur Kritik.[145] Ein Bauer gab zu Bedenken, dass viele auf dem Land einen Hund für ihren Beruf brauchten. Diese müssten nun für ihre unentbehrlichen Hunde Abgaben entrichten, während reiche „Wohllüstlinge und Verschwender" für ihre Pferde nichts bezahlten.[146] Diese Abgabe bot offenbar besonderen sozialen Zündstoff, aber auch andere stiegen oder wurden neu eingeführt; die Kantonsregierung setzte nach 1815 vermehrt auf indirekte Steuern als Einnahmequelle.[147] Hatten die Einnahmen aus indirekten Steuern, Gebühren und Regalien vor 1810 im Schnitt zusammen noch einen Anteil von knapp 30 Prozent ausgemacht, so steuerten sie nach 1820 über die Hälfte zu den Staatseinnahmen bei. Die Vermögenssteuer hingegen verlor nach 1820 an Bedeutung.[148] Dadurch, dass Regalien, Zölle und Umsatzsteuern tendenziell mehr zum Staatseinkommen beitragen mussten, wurden die mittleren und armen Bevölkerungsschichten benachteiligt.[149]

Die Kantonsbürger störten sich auch an der Verwendung der Staatseinnahmen und meinten zum Beispiel, dass die Abgaben das Landvolk umso mehr erbitterten, weil deren Verwendung „seinen billigen Erwartungen" keineswegs entspre-

---

[141] 1830 wurde im Gegensatz zu den Vorjahren keine Vermögenssteuer festgesetzt. Vgl. Gesetzessammlung des Kantons St.Gallen, Bd. 4, 1828–1832, S. 45–54, 89–94, 113–114.

[142] Vgl. Henne (1831), S. 58–61.

[143] Ein wohlmeinendes Wort eines St.Gallischen Bürgers an seine Mitbürger, im November 1830, S. 7.

[144] Vgl. die Zusammenstellung bei Wickli (2006), S. 316–320.

[145] StA SG (KA), R1-4: Gemeinderat von Marbach, 21. Juni 1814; Vom Gemeinderat Altstätten gewählte Kommission, 20. Juni 1814; Deputierte des Rheintals an den Präsidenten der Tagsatzung, o. D. [Juni bis Aug. 1814]; StA SG (KA), R1-12: Wünsche des Kreises Flums, o. D. [1831]; Ortsgemeinde Steinach, o. D. [Jan./Febr. 1831]; Bürger von Nesslau, 28. Dez. 1830; vgl. auch: Volksthümliche Ansichten, S. 24.

[146] StA SG (KA), R1-12: Gregorius Abderhalden [aus dem Toggenburg], o. D. [Jan. /Febr. 1831].

[147] Wegen der ständigen Vollzugsprobleme bei der Vermögenssteuer versuchte man, mittels anderer Abgaben mehr Einnahmen zu generieren, vgl. Willi Kurt Rohner, Die st.gallische Finanzwirtschaft in der Mediations- und Restaurationszeit (1803–1830), Zürich 1933, S. 89. Vgl. auch Schanz (1890), Bd. 2, S. 304.

[148] Sie deckte nach 1820 nur noch knapp 20 % der Staatseinnahmen. Bis 1819 waren es fast 33 % gewesen. Vgl. Rohner (1933), Tab. 3 und 6, S. 52–53, 82–85.

[149] Vgl. die Ausführungen bei Lemmenmeier (2003), S. 63, 65.

che.[150] In einem überlieferten Schreiben wird die Feststellung gemacht, dass „von seiten der Regierung eine Pendenz zum viel und kostbahr Bauen nicht zu verkennen war".[151] Anlass zu Argwohn und Kritik seitens der Bürger waren genau jene Bauwerke geworden, die von der liberalen Geschichtsschreibung als die grossen Errungenschaften der Sankt-Galler Regierung in der Mediationszeit gepriesen werden: Die 1807 bis 1811 errichtete Brücke über die Sitter bei St.Gallen zum Beispiel, nach Ansicht eines liberalen Geschichtsschreibers „ein Ehrendenkmal des gemeinnützigen und unternehmenden Geistes jener Zeit".[152] Dass diese Rieseninvestition in ein einzelnes Bauwerk vor allem darauf abzielte, die Stadt St.Gallen verkehrstechnisch besser zu erschliessen und damit deren Wirtschaft zu fördern, liegt auf der Hand.

Der Anteil „ausserordentlicher" Ausgaben für Militär, Verkehrsinfrastruktur und Bauten an den Gesamtausgaben des Kantons war tatsächlich beträchtlich.[153] Den Löwenanteil der Staatsausgaben machte allerdings die Finanzierung der Sicherheit, das heisst des Rechts- und Polizeistaats, aus.[154] Überhaupt fallen die massiven Verwaltungskosten auf. Dazu kamen noch die staatlichen Betriebskosten, die Erhebungskosten für die indirekten Abgaben sowie der Aufwand für die Schulden.[155] Von der Fiskalpolitik profitierten vor allem die professionalisierten Schichten. Das gilt für Juristen, Lehrer an höheren Schulen oder Beamte, aber auch für Ingenieure oder spezialisierte Handwerker. Bauern, Wirte und das Kleingewerbe profitierten hingegen kaum von staatlicher Aktivität. In der Hungerkrise, die in den Jahren 1816 und 1817 die Ostschweiz heimsuchte, sollte sich zudem zeigen, dass dieser Staat nicht einmal fähig war, das Leben seiner Bürgerinnen und Bürger zu garantieren. Beobachtern gemäss hätte die Krise gemindert werden können, wäre von den Behörden mehr unternommen wor-

---

[150] Wahrhafte Darstellung der gegenwärtigen Lage des Sarganserlandes, [Sargans] Mai 1814, S. 8.
[151] ZB ZH, Ms G 60.
[152] Vgl. Johannes Dierauer, Politische Geschichte des Kantons St.Gallen 1803–1903, St.Gallen 1904, S. 20. Auch Ehrenzeller unterstreicht, dass Bauwerke wie der Linthkanal und die Strassenbauten dazu beigetragen hätten, in peripher gelegenen Gebieten die kantonale Identität zu stärken. Vgl. Ernst Ehrenzeller, Der konservativ-liberale Gegensatz im Kanton St.Gallen bis zur Verfassungsrevision von 1861, Strassburg 1947, S. 3.
[153] Der Anteil belief sich zwischen 1805 und 1815 z. T. auf über 40 %, im Durchschnitt auf knapp 30 % der Gesamtausgaben. Dazu kamen noch die ordentlichen Ausgaben für den Unterhalt von Strassen und Brücken, die ihrerseits durchschnittlich 6 % der Gesamtausgaben ausmachten. Vgl. Rohner (1933), Tab. 1, S. 38–39.
[154] Im Durchschnitt der Jahre 1805–1815 betrug der Anteil knapp 48 %. Auch nach 1815 bewegte sich der Anteil (von den durch äussere Einflüsse geprägten Ausnahmejahren abgesehen) zwischen 40 und 50 %. Vgl. Rohner (1933), Tab. 2, S. 42–43 und Tab. 5, S. 74–75.
[155] In der Steuerperiode 1819/20 etwa wurden 35 % der Ausgaben für Schuldentilgung und Zinsen aufgewendet, 1825/26 dann gar 49 %! Vgl. Rohner (1933), Tab. 5, S. 76–77.

den.[156] Sehr wahrscheinlich haben diese Hungerjahre ihren Teil zur allmählichen Erosion der restaurativen Strukturen beigetragen.[157] Das Sankt-Galler Staatswesen hatte sich mit der ungenügenden Krisenbewältigung quasi selber delegitimiert.

Schon vorher, im Jahr 1814, waren die demokratischen Protagonisten zum Schluss gekommen, dass „das Volk zu einer ganz demokratischen Verfassung durchaus besser geeignet" wäre.[158] Auf der Sarganser Landesversammlung wurde im Januar 1814 unter allgemeiner Zustimmung vorgebracht, dass die Einführung fremder [d. h. französischer] Gesetze dem Land geschadet habe.[159] Die Vorstellung von einem „wohlfeilen" Staat umfasste mehr als nur Fragen der Staatsausgaben und der in Beziehung dazu stehenden Steuern und Abgaben. Dazu gehörten vielmehr auch politische Freiräume und Mitbestimmungsmöglichkeiten für das „gemeine Volk". Die wirtschaftlichen Forderungen dürfen deshalb nicht isoliert von den politischen oder staatsrechtlichen Anliegen gesehen werden. Vielmehr ergibt alles zusammen das Idealbild eines Staates, orientiert an Erfahrungen und Vorbildern.

Die historische Vorbildfunktion kam den als die eigenen Vorfahren betrachteten Alten Eidgenossen zu. Dabei konnte die Landbevölkerung auf ein kulturelles Gedächtnis zurückgreifen, welches zwar zum Teil mit den gleichen Bildern operierte wie jenes der liberalen Eliten, aber doch ein anderes Geschichtsbild pflegte und eigene Schlüsse aus der historischen Erfahrung zog.[160] Man war auf Seiten der Demokraten überzeugt, für die eigenen Ideale politischer Partizipation kämpfen zu müssen, wie die „alten Schweizer" für ihre Freiheit gekämpft hatten. Dennoch war nicht in erster Linie die Erinnerung an eine geschichtlich weit zurückliegende, ideale Verfassung massgebend, sondern ihre Leitbilder waren jene politischen Systeme, die sie vom nachbarschaftlichen Umgang her kannten. Es ist davon auszugehen, dass die Erfahrung der Nachbarschaft prägend wirkte, schon vor der Helvetik und schliesslich bis 1831. Den Vereinigungswunsch mit Glarus rechtfertigten die Sarganser mit der geografischen Nähe und einem ähnlichen Charakter der Leute, vor allem aber mit dem täglichen Verkehr in „Han-

---

[156] Vgl. Ruprecht Zollikofer, Das Hungerjahr 1817: Der Osten meines Vaterlandes oder die Kantone St.Gallen und Appenzell im Hungerjahre 1817, 2 Bde., St.Gallen 1818/19, S. 3.
[157] So die These von Louis Specker, Die grosse Heimsuchung: Das Hungerjahr 1816/17 in der Ostschweiz, in: Neujahrsblatt des Historischen Vereins des Kt. St.Gallen 135, 1995, S. 9–55, hier 51.
[158] StA SG (KA), R1-HA-14b: Brief an den Grossen Rat des Kantons St.Gallen, Uznach, 1. Mai 1814, S. 10.
[159] StA SG (KA), R1-HA-14a: Protokoll, S. 4; vgl. auch Pfiffner (1956), S. 46.
[160] Zum Geschichtsbild der Sankt-Galler Demokraten vgl. Wickli (2006), S. 269–279.

del und Wandel".[161] Gallati brachte es auf den Punkt und propagierte „Freisinn im Sargans[erland], zwischen dem[okratischen] Kantonen täglich vor Augen".[162]

Ein Bauer aus der Alten Landschaft glaubte nicht, „dass das Volk vor der reinen Demokratie einen solchen Abscheu habe, wie einige der studirten Herren da uns glauben machen wollten. Nein, wenn die Appenzeller von ihren Landsgemeinden heimkehrten, hab ichs viel Dutzendmal gehört im Volke: hätten wirs auch wie diese."[163] Die Ausserrhoder Landsgemeinde war auch für die benachbarten Sankt-Galler Gebiete ein unübersehbarer Grossanlass. Böllerschüsse kündigten das festliche Ereignis im ganzen Land an.[164] Da die Appenzeller meist zu Fuss in kleineren oder grösseren Gruppen mit Säbeln bewaffneter Männer zum Teil bis zu fünf Stunden lang zum Landsgemeindeplatz marschierten,[165] war das viel umfassendere Partizipationsrecht der Nachbarn auch optisch wahrnehmbar. Warum sollte man also trotz praktisch gleicher topografischer, kultureller und ökonomischer Gegebenheiten diese politischen Rechte nicht auch selbst besitzen? Solche Nachbarkantone lieferten den Sankt-Galler Demokraten eine Vorlage für ein „volkstümliches" politisches System: Die Landsgemeinden waren keine abstrakten Utopien, sondern regelmässig sichtbar und wahrnehmbar. So war es die geografische Lage des Kantons, welche diesen zum Vorreiter der modernen direkten Demokratie werden liess, doch reicht dieser Umstand als Erklärung nicht aus. Einzigartig waren die direktdemokratischen Forderungen nämlich nicht.[166]

Politische Kultur und direkte Demokratie

Offensichtlich trugen in St.Gallen spezifische politische Erfahrungen zur Mobilisierung der Protestbewegungen bei. Der neu geschaffene Kanton hatte 1803 die Chance bekommen, Neuerungen in die Wege zu leiten und unbestrittene Errungenschaften der Helvetik zu erhalten. In den Quellen überwiegen jedoch die negativen Beurteilungen dieses von oben gesteuerten Fortschritts und des institutionellen Umfelds. In den ländlichen Regionen empfand man den Staat mit seinem zunehmenden Geldbedarf als Belastung, besonders auch, weil weite Kreise der Bevölkerung von der politischen Partizipation ausgeschlossen waren.

---

[161] StA LU, Archiv Good, 1814er-Handel: Briefentwurf an Schulthess in Zürich mit dem Titel „Noten", o. D., unter: Gründe für Sargans sich mit dem Glarnerland zu vereinigen.
[162] StA LU, Archiv Good, 1814er-Handel: Vorsteher Bigger an Gallati, Vilters, 2. Febr. 1814. Fast unleserliche Bleistiftbemerkung auf der Rückseite, zit. Pfiffner (1956), S. 155 (Anm. 92).
[163] Zit. Henne (1831), S. 35–36.
[164] Vgl. Bendix (1993), S. 29.
[165] Vgl. Bendix (1993), S. 56–57.
[166] Im ebenfalls von Landsgemeindekantonen umgebenen Luzern fielen ähnliche Vorschläge, hingegen gab es 1830 noch keine grundsätzliche Opposition von der Landschaft. Vgl. Bossard-Borner (1998), S. 396.

Aus dieser Erfahrung heraus entwickelte man ein eigenes Gegenkonzept; in den Köpfen reifte das Bild eines demokratischen Staatswesens, das die existierenden Landsgemeindesysteme nicht einfach kopierte, sondern zum Teil auf eigenen Denkleistungen beruhte. In der ländlichen politischen Kultur verankerte Wertorientierungen deutete man unter Beizug naturrechtlicher Postulate wie Freiheit, Gleichheit und Menschenrechte in konkrete Rahmenbedingungen der neu zu gestaltenden Verfassung um. Ein spezifisch schweizerisches Geschichtsbild und die eigenen politischen Erfahrungen vervollständigten schliesslich das Bild vom „wohlfeilen Staat", das sich auf zwei wesentliche Merkmale reduzieren lässt: Transparenz und Partizipationsmöglichkeiten.

Die Forderung nach Partizipationsrechten ist ein Beispiel für die Kontinuität zu Widerstandsbewegungen der Frühen Neuzeit, die sich zumindest in einigen der Untersuchungsregionen nicht nur im Bereich der Handlungsformen, sondern auch bei den politischen Anliegen zeigt.[167] Woran aber lag es, dass die gleichen Bevölkerungskreise im Kanton St.Gallen 1798 die Helvetik begrüssten, sie 1802 wieder bekämpften, mit der französisch geprägten Mediation von 1803 unzufrieden waren und dann den Restaurationsschub von 1814/15 erst recht ablehnten? Wie kam es, dass sich die gleichen Leute 1830/31 zum Teil an überlieferten Handlungsformen und Bildern orientierten und dann doch etwas Innovatives, nämlich eine zeitgemässe Form der direkten Demokratie, initiierten?

Die Antwort liegt in der Konstanz der aus der ländlichen politischen Kultur abgeleiteten Staatsvorstellungen: Was die verschiedenen Volksbewegungen vorlebten, verteidigten oder forderten, war im Prinzip immer das Gleiche, nämlich ein möglichst breit gestreuter Einfluss des männlichen Staatsvolks auf die kantonale Politik und Gesetzgebung. Während die eine Sankt-Galler Volksbewegung (1814/15) zum Teil noch den retrospektiven Wunsch nach vorrevolutionären Zuständen formulierte, erscheint die andere (1830/31) dank ihrer Errungenschaften als fortschrittlich. Diese Diskrepanz könnte auch die Würdigung der Volksrechte als politische Innovation beeinträchtigen. Einige Anliegen der Demokraten (etwa im Bereich des Justizwesens) waren nämlich an traditionelle Wertorientierungen geknüpft, und doch entspricht die zentrale Forderung nach der Partizipation breiter Volksschichten am politischen Prozess einem modernen Staatsverständnis.

Die Demokraten hatten eine ausdifferenzierte Vorstellung davon, was ein guter Staat sei, und dies weitgehend unabhängig von staatsrechtlichen und philosophischen Implikationen. Sie vertraten ihre Vorstellung kompromisslos, „es

---

[167] Die Toggenburger Landleute hatten im frühen 18. Jahrhundert während einer Auseinandersetzung mit dem Sankt-Galler Fürstabt ihren Widerstand durch die Wahl von Ausschüssen koordiniert und zentrale Rechtsdokumente veröffentlicht. Zudem hatten sie in ihren Forderungen grossen Wert auf Partizipationsrechte gelegt. Vgl. Andreas Würgler, Unruhen und „Öffentlichkeit": Städtische und ländliche Protestbewegungen im 18. Jahrhundert (Frühneuzeit-Forschungen 1), Tübingen 1995, S. 52–60, S. 130–131, S. 319.

möge kosten, was es wolle".[168] Wenn sich das Ziel einer kantonalen Landsgemeinde 1830/31 schon nicht verwirklichen liess, wollten die „Demokrätler" wenigstens Einfluss auf die Gesetzgebungstätigkeit nehmen. Die Eigendynamik eines parlamentarischen Betriebs war ihnen suspekt. Ihr Ideal kollidierte allerdings mit der strikt liberalen Haltung der politischen Elite, was schliesslich doch zu einem Kompromiss führte: Die Vetomacht des Volkes schränkte in der Sankt-Galler Regenerationsverfassung den Handlungsspielraum des Parlaments ein.

Das Veto war das Resultat eines kreativen Aushandlungsprozesses und eine zukunftsträchtige Weiterentwicklung der politischen Institutionen. Die politischen Krisen in der Helvetik und in den Jahren 1814/15 hatten den gemeinsamen Erfahrungsraum aller 1831 an der Verfassungsgebung Beteiligten geprägt. Diese suchten und fanden im zweiten beziehungsweise (nach 1798 und 1814) dritten Anlauf den nötigen Ausgleich zwischen ihren divergenten Auffassungen. Die Tatsache, dass Verhaltensformen und Wertorientierungen als zwei Pfeiler derselben ländlich-demokratischen politischen Kultur komplementär zueinander waren, trug zum Durchbruch der direkten Demokratie bei: Gerade weil sich die „traditionellen" Protestformen und die Anforderungen an „moderne" demokratische Verfahren gegenseitig ergänzten, haben die Sankt-Galler Demokraten 1830/31 mit ihrem Engagement der schweizerischen direkten Demokratie entscheidend auf die Sprünge geholfen.

„Naglers Sepp" wollte aus der Verfassungsratsdebatte hinaus „heim und Gemeinden halten", weil er sein Mandat als unmittelbar an den Volkswillen gebunden betrachtete. Da zeigt sich eine Analogie zu überlieferten Protestformen, in deren Umfeld Gemeindestrukturen instrumentalisiert wurden.[169] Dies war bis 1830 für viele die einzige Möglichkeit, am kantonalen politischen Leben teilzunehmen, und solche politischen Manifestationen einem breiten Teil der Bevölkerung vertraut. Wer seinen Forderungen Nachdruck verleihen wollte, griff auf dieses Handlungsrepertoire zurück. Eine überlieferte politische Kultur erhöhte damit die Effizienz der Volksbewegungen. Hier liegt der Funktionszusammenhang zwischen Handlungsformen und Wertorientierungen in der politischen Kultur: Die Demokraten hätten ihre Interessen niemals durchsetzen können, wenn sie nicht auf die eingespielten Handlungsformen zurückgegriffen hätten.

Partizipation und Offenheit bildeten die inhaltlichen Eckpfeiler der Forderungen, womit sich auch ein Bedeutungszusammenhang verschiedener Merkmale der ländlichen politischen Kultur ergibt. Die staatspolitische Errungenschaft in Form des Vetos konkretisierte diesen Zusammenhang 1831, weil sie den demokratischen Wertvorstellungen wenigstens zum Teil gerecht wurde und gleichzeitig die Praxis des offenen Protests institutionalisierte. Die politische Kultur spie-

---

[168] StA SG (KA), R1-12: 80 Bürger der Gemeinde Grabs, 6. Febr. 1831.
[169] Vgl. dazu Wickli (2006), S. 207–215.

gelte sich in den neuen Institutionen: Das Veto setzte von seiner Funktion her alte Praktiken fort und lieferte ein Forum für die demokratische Kontrolle der Staatsmacht. Politisch-kulturelle Traditionen und zeitspezifische staatspolitische Herausforderungen liessen sich so auf einen Nenner bringen. Als (zwar vorerst bescheidener) Erfolg dieser Koinzidenz resultierte das Veto, das aber dennoch einen Meilenstein auf dem Weg zur modernen schweizerischen Demokratie darstellte. Das Veto hat an die ländliche politische Kultur angeknüpft, als Ergebnis eines übertragenen Verständnisses der Landsgemeinde als Forum für die direkte Beteiligung an der Gesetzgebung.

Veto-kritische Stimmen aus dem liberalen Lager unterstellten Teilen des Volks eine destruktive Haltung, die ihrer Meinung nach durch ein auf den Gemeinden basierendes Instrument der direkten Demokratie nur gefördert würde. „Lärmer, Schreier und Starrköpfe", würden sich des Vetos bedienen, „Dorftyrannen" bekämen einen neuen Impuls für ihre Macht, und es würde zu Unruhen kommen.[170] Damit sind verschiedene Problemkreise angesprochen, die im Prinzip heute noch zum Arsenal der Kritik an der direkten Demokratie gehören, nämlich die grössere Geltung kleiner, aber aktiver Minderheiten, die Gefahr von Missbräuchen durch Leute in sozial oder wirtschaftlich überragender Stellung und die Angst, dass die Abstimmungen zu Instabilität führen könnten. In den 1830er Jahren, als das Veto etwas Neues und Unbekanntes war, waren diese Befürchtungen nicht ganz unbegründet. Das Veto wurde tatsächlich als Fortsetzung früherer, zum Teil auch mit Gewalt verbundener Widerstandspraktiken betrachtet.

Ein solches Instrument dürfte gewaltsame Konflikte zu vermeiden geholfen haben, indem es einer Volksmehrheit das Recht zugestand, gewissermassen die Notbremse zu ziehen. Dies strich im Februar 1835, nach dem Misserfolg eines als „unkatholisch" betrachteten, kantonalen Kirchengesetzes, die „Neue Zürcher Zeitung" sozusagen „contrecœur" hervor und zeigte sich zufrieden darüber, dass die Behördenvorlage trotz der künstlichen Willensverfälschungen knapp unterlag.[171] Weil 1835 für einmal tatsächlich die Mehrheit siegte, wirkte das neue Instrument stabilisierend – eine Funktion, die der direkten Demokratie bis heute zugedacht ist. Im Kanton St.Gallen hatte direkte Demokratie in einer ganz neuen Form eine staatspolitisch bedeutende Rolle zu spielen begonnen. Das Veto machte auch in anderen Kantonen Schule, und die positive Erfahrung mit der erweiterten Mitbestimmung in modernen Verfassungen führte schliesslich dazu, dass 1874 und 1891 Referendum und Initiative Eingang in die Bundesverfassung fanden.[172]

---

[170] Vgl. H. R., St.Galler Volk! Sprich dein Veto aus gegen das Veto, das dir dein Verfassungsrath geben will. Zuruf eines Kantonsbürgers von St.Gallen an seine Mitbürger, St.Gallen 1831, S. 6–7.

[171] NZZ, 4. Febr. 1835, Nr. 10, Frontseite.

[172] Zur „Karriere" des Vetos im 19. Jh. vgl. Wickli (2006), S. 447ff.

Das Sankt-Galler Veto bildete eine spezifisch schweizerische Antwort auf die Herausforderungen und Konflikte des frühen 19. Jahrhunderts. Zwar fallen weder die Forderungen noch das Auftreten der „Demokrätler" im synchronen Vergleich als singulär auf, und auch der diachrone Vergleich lässt die Volksbewegungen von 1814/15 und 1830/31 nicht als einzigartig erscheinen. Und dennoch kam der Sankt-Galler Verfassung von 1831 ein wichtiger Platz in der Geschichte des schweizerischen Staatsrechts zu: Sie bildete das Scharnier, das die alten Landsgemeindeverfassungen mit der modernen direkten Demokratie verband. Sie war ihrerseits das Resultat des historischen und geografischen Umfelds. Die politischen Erfahrungen und Umwälzungen des frühen 19. Jahrhunderts erforderten institutionelle Anpassungen. Dank der geografischen Lage des Kantons schienen die demokratischen Nachbarkantone für viele die ideale Lösung zu bieten. Diese Inspiration durch „lebende" und funktionierende Verfassungen wäre andernorts kaum möglich gewesen.

MARCO ARNI

Politische Kultur – Schlüsselbegriff oder Blackbox bei der Erforschung der direkten Demokratie?

Wer sich mit politischer Kultur als Begriff auseinander setzt, der begibt sich zweifellos auf schwieriges Gelände. Denn die Klagen wiederholen sich regelmässig: Der Begriff sei zu wenig konturiert, sein empirischer Gehalt lasse zu wünschen übrig, die normative Aufladung in der Alltagssprache verunmögliche eine wertneutrale Verwendung, usw.[1]

Dennoch, gerade auch bei den Forschenden über Entstehung und Entwicklung der direkten Demokratie in der Schweiz stossen wir heute immer wieder und prominent auf den Begriff der politischen Kultur. René Roca lässt seinen Aufsatz über die Debatte um die direkte Demokratie in Luzern gleich mit dem Satz beginnen:

„Die direkte Demokratie ist heute selbstverständlicher Bestandteil der schweizerischen politischen Kultur."[2]

Bruno Wickli widmet sich in seiner Dissertation zur Entstehung der direkten Demokratie im Kanton Sankt Gallen im Theorieteil immerhin knapp fünf Seiten lang der politischen Kultur und kommt zum Schluss, dass Erklärungen politischer Phänomene durch kultur- wie sozialgeschichtliche Ansätze gleichermassen nicht um diesen Begriff herumkommen.[3] Schliesslich trug das Nationalfondsprojekt von Andreas Suter diesen allgegenwärtigen Begriff gar im Titel, welcher lautete:

„Von Untertanen zu Bürgern. Die Transformation der politischen Kultur vom Ancien Régime zur Moderne in vergleichender Perspektive"[4].

---

[1] Stellvertretend für die Kritik am Konzept der politischen Kultur sei hier auf den oft zitierten Aufsatz des deutschen Politologen Max Kaase verwiesen: Max Kaase, Sinn oder Unsinn des Konzepts "Politische Kultur" für die Vergleichende Politikforschung. Oder auch: Der Versuch, einen Pudding an die Wand zu nageln, in: Max Kaase/ Hans-Dieter Klingemann (Hrsg.), Wahlen und politisches System – Analysen aus Anlass der Bundestagswahl 1980, Opladen 1983, S. 144–171.
[2] René Roca, „Wahre Volkssouveränität" oder „Ochlokratie"? Die Debatte um die direkte Demokratie im Kanton Luzern während der Regeneration, in: Der Geschichtsfreund 156, Stans 2003, S. 115–146, hier S. 115.
[3] Bruno Wickli, „Vom Volke soll man lernen, was Freiheit und Demokratie ist, nicht von deutschen Universitäten". Die demokratischen Volksbewegungen im Kanton St. Gallen 1814 und 1830/31, unveröffentlichte Dissertation, Zürich 2003, S. 15–19, hier speziell S. 18.
[4] Andreas Suter, Von Untertanen zu Bürgern. Die Transformation der politischen Kultur vom Ancien Régime zur Moderne in vergleichender Perspektive, unveröffentlichtes NF-Forschungsgesuch (Oktober 1997), Zürich 1997.

Dieser kurze und keineswegs erschöpfende Rundumblick verweist auf die Relevanz des Begriffes wie auf die Bedeutung der Klärung des Begriffes für unseren Forschungsbereich. Schlüsselbegriff oder Blackbox – oder gar beides gleichzeitig? Die folgenden Ausführungen sollen einen Einblick in theoretische und forschungspraktische Vorüberlegungen geben, in der Hoffnung, damit nicht bloss ein Kapitel mehr der unendlichen Begriffsgeschichte zu schreiben.

Jeder historisch Forschende, der sich auf die Begrifflichkeit der politischen Kultur einlässt, ist ob der ganz unterschiedlichen Konzeptionierungen des Begriffes in der Literatur zunächst verwirrt. Doch die grundlegende Frage, welche vom amerikanischen Politikwissenschafter Aaron Wildavsky prägnant formuliert wurde als „why people want what they want"[5], führt dazu, dass der Begriff der politischen Kultur nicht voreilig wieder über Bord geworfen werden kann. Denn die Frage, weshalb in der Schweiz in verschiedenen Kantonen im 19. Jahrhundert die direkte Demokratie in den politischen Forderungskatalogen und Bittschriften erscheint und weshalb – teils früher, teils später – direkte Demokratie zu Verfassungswirklichkeit wird, ist noch alles andere als beantwortet.[6] Weder die Rational-Choice-Ansätze noch strukturalistische Erklärungsversuche können solche Fragen befriedigend klären. Diese Erkenntnis hat zwar sowohl die Geschichtswissenschaft wie die Politikwissenschaft gemacht, doch wurde und wird zu oft – und vielleicht auch zu schnell – politische Kultur als störrische und zu wenig reflektierte Residualkategorie eingeführt. Mag je nach Forschungsinteresse in einigen Fällen und Untersuchungen dieses Deus-ex-Machina-Prinzip vollauf genügen, so ist es vorab für die politische Sozialgeschichte zentral, diese Blackbox so weit als möglich aufzulösen.

Wo aber können wir den Hebel konkret ansetzen? Wie kann der Begriff der politischen Kultur an analytischer Schärfe gewinnen? Die einzige Möglichkeit liegt wohl darin, ihn einzugrenzen und abzugrenzen, um ihn der definitorischen Beliebigkeit zu entziehen. Eingrenzungen respektive Abgrenzungen tun vor allem in dreierlei Hinsicht Not: Erstens bezüglich Trägerschaft der politischen Kultur, zweitens bezüglich Stellung der politischen Kultur als Variable in einem Forschungsdesign und drittens bezüglich Breite des durch politische Kultur zu Bezeichnenden.

Einige werden vielleicht einwenden, dass die Frage der Trägerschaft politischer Kultur hinlänglich geklärt sei. Dies mag im Rahmen historischer Forschung tatsächlich zutreffen. Dass politische Kultur etwas Kollektives ist, darf

---

[5] Aaron Wildavsky, Choosing Preferences by Constructing Institutions: A Cultural Theory of Preference Formation, in: American Political Science Review 81, Washington DC 1987, S. 3–21, hier S. 3.
[6] So beispielsweise auch die Einschätzung von Martin Schaffner, Direkte Demokratie. „Alles für das Volk – alles durch das Volk", in: Manfred Hettling et al. (Hrsg.), Eine kleine Geschichte der Schweiz. Der Bundesstaat und seine Traditionen, Frankfurt a.M. 1998, S. 189–226, hier S. 189.

hier als unbestrittene Grundannahme angesehen werden. Doch in der politikwissenschaftlichen Literatur ist dies keineswegs im gleichen Masse klar oder in der Forschungspraxis verwirklicht. Der methodologische Individualismus ist in der oft umfragebasierten Politikwissenschaft subkutan angelegt, so dass – wenn auch nicht explizit, denn doch implizit – die politische Kultur aufs Individuum heruntergebrochen wird. So kann nur schon auf den Urvater des Begriffes, Gabriel Almond, verwiesen werden, welcher noch 1987 die politische Kultur als „Muster subjektiver Orientierung gegenüber Politik"[7] bezeichnet hat. Dies gilt es im Auge zu behalten, wenn politikwissenschaftliche Forschungsergebnisse und Theorieentwicklungen rezipiert werden.

Der Grundkonsens der Kollektivität politischer Kultur droht aber selber wiederum mehr zu verdecken als zu erhellen. Die Bestimmung der konkreten Trägerkollektive politischer Kultur wird deutlich zu selten reflektiert und hat deshalb allzu oft eine normative Schlagseite. Zu pauschal werden politische Einheiten auch als Einheiten politischer Kultur angesehen. Dabei haben schon vor 25 Jahren David J. Elkins und Richard E.B. Simeon in einem bis heute wichtigen Aufsatz zurecht darauf hingewiesen, dass die Suche nach den Trägerkollektiven politischer Kultur induktiv zu erfolgen hat und nicht a priori einem beliebigen, meist geographisch-politisch bestimmten Kollektiv unterschoben werden darf.[8] Ein streifender Blick auf unseren Untersuchungsgegenstand, den Kanton Aargau, macht deutlich, was dies heissen kann: Als 1803 künstlich geformter Kanton bildete und bildet der Aargau bis heute eine politische Zweckeinheit. Im Zeitalter der demokratischen Ausgestaltung des Kantons zwischen 1830 und 1870 von einer gemeinaargauischen politischen Kultur zu sprechen, lässt sich empirisch nicht halten.[9] Wer die Grenzlinien politischer Kulturen – der Plural ist hier angebracht – induktiv ziehen will, muss sich mit Elkins und Simeon bewusst sein, dass die Mittel zur Identifizierung kulturtragender Einheiten je nach Situation anders sein können.[10] Mit anderen Worten: Als Historiker werden wir auf die Hermeneutik verwiesen. Nur durch das Verstehen, durch das interpretative Erfassen politischer Äusserungsformen lassen sich gemeinsame Muster, die auf ein politisch-kulturelles Kollektiv verweisen, aufspüren und abgrenzen. Dieser Verstehensprozess ist zugegebenermassen nicht einfach und aufwändig, und

---

[7] Gabriel Almond, Politische Kultur-Forschung – Rückblick und Ausblick, in: Dirk Berg-Schlosser/ Jakob Schissler (Hg.), Politische Kultur in Deutschland. Bilanz und Perspektiven der Forschung (=Politische Vierteljahresschrift, Sonderheft 18), Opladen 1987, S. 27–38, hier S. 29.
[8] David J. Elkins/ Richard E.B. Simeon, A Cause in Search of Its Effect, or What Does Political Culture Explain, in: Comparative Politics 1/12, New York 1979, S. 129–145, hier S. 129.
[9] Vergleiche dazu die Ausführungen in Marco Arni, Projekt „Die katholische Opposition und die Durchsetzung der direkten Demokratie im Kanton Aargau (1830–1870)", unveröffentlichter Forschungsplan, Baden 2003.
[10] Elkins/Simeon (1979), S. 129.

wenn wir zudem berücksichtigen, dass – hiermit kommen wir zum zweiten Punkt – politische Kultur in Forschungsdesigns meist als eine unter mehreren erklärenden, sprich unabhängigen Variablen angesehen wird, so können wir nachvollziehen, dass Forschende auf den notwendigen Bestimmungseffort verzichten und die Umschreibung von Trägerkollektiven präskriptiv-normativ statt empirisch vornehmen. Dieses Mittel der Komplexitätsreduktion ist aus forschungsökonomischer Perspektive zwar nachvollziehbar, macht aber tatsächlich aus der politischen Kultur eine beliebig einsetzbare Blackbox.

Um dies zu verhindern, hat ganz in induktivem Sinne politische Kultur zuerst als abhängige Variable geklärt zu werden: Wann kann man von einer kollektiv geteilten politischen Kultur sprechen? Welche Bestimmungsfaktoren müssen gegeben oder von einem Kollektiv geteilt werden, damit wir von gemeinsamer politischer Kultur sprechen können?

Wieder auf den Kanton Aargau bezogen heisst dies beispielsweise: Genügt es zwischen katholischem und reformiertem Kantonsteil zu unterscheiden oder ist diese Unterscheidung zwar notwendig, nicht aber hinreichend? In welcher Art und Weise hängt politische Kultur von ökonomischen, sozialen und gesellschaftlichen Strukturen ab? Ist es folglich allenfalls zutreffender, anstatt von einer katholischen von einer ländlichen politischen Kultur zu sprechen, wie es Bruno Wickli in seiner Dissertation[11] tut? Damit stehen wir in einem weiten Forschungsfeld. Es wäre verfrüht, hier auf den Aargau bezogen bereits Antworten zu geben. Aber eines ist klar: Wenn wir die eingangs zitierte Frage von Wildavsky ernst nehmen, so dürfen wir bei der Frage nach den Bestimmungsfaktoren politischer Kultur nicht auf kulturalistische Ansätze verzichten. Das Zustandekommen kollektiv geteilter politischer Kultur ist selber als kulturelle Leistung anzusehen, wie Siegfried Weichlein in seiner Studie über Sozialmilieus und politische Kultur in der Weimarer Republik betont:

„Die kulturelle Überformung übersetzte Interessenlagen in normativ aufgeladene Weltdeutungsmuster. Aus den kollektiv gedeuteten Interessenlagen resultierten starke Ordnungsvorstellungen."[12]

Weichlein skizziert also einen Zweischritt: Sozio-ökonomische oder andere strukturell motivierte Interessenlagen sind nicht direkte, unmittelbare Ursachen kollektiv geteilter politischer Kultur, sondern nur mittelbare. Erst kollektivkulturell gebrochen entstehen daraus Weltdeutungsmuster oder Weltanschauungen, welche dann als zweiter Schritt – ebenfalls kollektiv – in Bilder einer Welt, wie sie sein sollte, umgesetzt werden. Auf das Politische bezogen heisst dies al-

---

[11] Wickli (2002).
[12] Siegfried Weichlein, Sozialmilieus und politische Kultur in der Weimarer Republik (= Kritische Studien zur Geschichtswissenschaft, Bd. 153), Göttingen 1996, S. 13.

so nichts anderes, als dass die geteilten Vorstellungen politischer Ordnung aus einer doppelten kulturellen Brechung verschiedener Strukturen resultieren.

Dieser doppelte Brechungsprozess hilft uns zwar, die Ausformung politischer Kultur theoretisch zu erfassen, allerdings bleibt eine wichtige Frage offen, nämlich die der Breite des mit politischer Kultur zu Bezeichnenden.

Die möglichen Definitionen von politischer Kultur, welche uns in der Literatur begegnen, stellen in ihrer Breite eine Fundgrube, aber auch ein Problem dar. Ausgehend von Almonds „pattern of orientation to political action"[13] von 1955 hat sich nicht zuletzt im deutschen Sprachraum eine Definitionstradition herausgebildet, welche mehr Tiefenschärfe reklamiert. Dies vor allem dank Karl Rohe, welcher in Abgrenzung zu Almond konkretisierend von politischer Kultur als „für eine soziale Gruppe massgebenden Grundannahmen über die politische Welt und damit verknüpfte operative Ideen" spricht, welche „auf einer grundsätzlicheren Ebene anzusiedeln (sind) als die politischen Orientierungen und Einstellungen".[14] Auf einer ganz ähnlichen Ebene definiert Werner Seitz, welcher als Kondensat seiner breiten Auslegeordnung die politische Kultur als „Archiv von Wahrnehmungs-, Interpretations-, Handlungs- und Problemlösungsmustern"[15] bezeichnet, was mit der Sprache Dörners auch als „Kern von Vorstellungen und Normen (...), die diskursfähig sind"[16] umschrieben werden kann. Diesen Definitionen gemeinsam ist, dass sie auf eine grundlegende, kognitiv-diskursive Ebene verweisen. Politische Kultur ist also ein „mind set", basierend auf kollektiv verankerten politischen „assumptions", um mit Elkins und Simeon zu sprechen.[17]

Doch ist politische Kultur noch mehr? Wenn wir an den Satz von Roca denken oder uns an einer Definition von Suter orientieren, welcher die politische Kultur auch als „Gesamtheit der politischen Institutionen und der sie konstituierenden Werte und Ideen"[18] umschreibt, so begegnen wir plötzlich den politischen Strukturen und Institutionen als hineindefinierter Teil der politischen Kultur. Gerade wenn wir uns mit Fragen der Demokratisierung, mit der Durchsetzung und Verbreitung direktdemokratischer Partizipationsmodelle und -instrumente befassen, dürfen uns diese erweiterten Definitionsversuche nicht unberührt lassen.

---

[13] Gabriel Almond, zit. nach Werner Seitz, Die politische Kultur und ihre Beziehung zum Abstimmungsverhalten. Eine Begriffsgeschichte und Methodenkritik, Zürich 1997, S. 68.

[14] Karl Rohe, zit. nach Andreas Dörner, Politische Kulturforschung und Cultural Studies, in: Othmar N. Haberl/ Tobias Korenke (Hrsg.), Politische Deutungskulturen. Festschrift für Karl Rohe, Baden-Baden 1999, S. 93–110, hier S. 95.

[15] Seitz (1997), S. 271.

[16] Andreas Dörner, Politischer Mythos und symbolische Politik. Der Hermannmythos: zur Entstehung des Nationalbewusstseins der Deutschen, Reinbek 1996, S. 33.

[17] Elkins/Simeon (1979), S. 127f.

[18] Suter (1997), S. 3.3.

Sehen wir Institutionen als „verhaltensregulierende und Erwartungssicherheit erzeugende soziale Regelsysteme"[19] an, die in einem politisch definierten Raum Geltung haben, so kommen wir doch genau wieder ins oben angesprochene Raum-Problem: politische Einheiten müssen nicht deckungsgleich sein mit den Trägerkollektiven politischer Kultur. Integrieren wir also die räumlich gebundenen, ja politischen Raum normativ schaffenden und gestaltenden politischen Institutionen in die Definition politischer Kultur, so inkorporieren wir gleichzeitig wieder eine deduktivistische Sicht auf politische Kultur. Ausserdem vergeben wir uns auch eine ganze Reihe von interessanten und produktiven Fragestellungen. Nur durch eine analytische Trennung von politischer Kultur als *mind set* von den politischen Institutionen wird unser Blick auf Fragen der Auseinandersetzung und Interaktion von politischen Ordnungsvorstellungen und herrschenden politischen Strukturen, auf Fragen der Bedeutung der Institutionalisierung als Ziel und Prozess politischen Handelns und auf Fragen der politischen Loyalität respektive des Widerstandes von Gruppen gegenüber politischen Systemen und Institutionen überhaupt erst geschärft.

Mit einer analytischen Abtrennung der politischen Institutionen vom Konzept der politischen Kultur soll keineswegs behauptet werden, dass Erstere keinen Einfluss auf Letztere haben. Als wichtige Rahmenbedingungen und als Referenzwerte des Handelns kommt den politischen Institutionen im Gegenteil sogar eine spezielle Bedeutung zu verglichen mit anderen, die politische Kultur prägenden Strukturen. Doch diese Besonderheit darf uns nicht dazu verleiten – ohne ersichtlichen Gewinn – das Konzept der politischen Kultur aufzuweichen.

Auch in der Politikwissenschaft bemüht man sich um enge, voneinander analytisch trennbare Begriffe. So wird im Rahmen des Neoinstitutionalismus, welcher sich als empirischer Theoriestrang versteht und deshalb in diesem Zusammenhang interessiert, zwischen den sogenannten „rules in form" und den „rules in use" unterschieden.[20] Definieren sich *rules in form* legalistisch, so meinen die *rules in use* nicht-formalistische Konfliktregelungstechniken, welche ihrerseits kulturell bedingt sind. Der Schweizer Politikwissenschafter Adrian Vatter ist mit diesem Ansatz in seiner Habilitationsschrift der Frage nachgegangen, wie sich die unterschiedlichen politisch-institutionellen Konstellationen in den Schweizer Kantonen erklären lassen.[21] Mit seinem induktiven Ansatz und dieser analytischen Trennung konnte er – unter Anwendung politikwissenschaftlicher Methodik – aufzeigen, dass historische Variablen für die Erklärung der *rules in form*, also der institutionalisierten Politik, wenig hergeben, währenddem sie für die *ru-*

---

[19] Dieter Nohlen/ Rainer-Olaf Schultze (Hrsg.), Lexikon der Politikwissenschaft, Bd. 1, München 2002, S. 354.
[20] Adrian Vatter, Kantonale Demokratien im Vergleich. Entstehungsgründe, Interaktionen und Wirkungen politischer Institutionen in den Schweizer Kantonen, Opladen 2002, S. 394.
[21] ebd., insbesondere S. 22.

les in use doch eine signifikante Bedeutung haben[22] – ein weiteres Argument dafür, von einem schmalen Begriff der politischen Kultur auszugehen, der von dem der politischen Institutionen geschieden ist.

Ein Problem bleibt aber trotz aller Eingrenzung und analytischer Abgrenzung bestehen: Politische Kultur an sich und als solche lässt sich nicht direkt messen.[23]

Man kann, wie es Almond machte, politische Einstellungen von Individuen erheben, doch die kollektiven *assumptions*[24], die politischen Ordnungsvorstellungen von Gruppen lassen sich – in der Geschichte sowieso – nur mittelbar, das heisst aufgrund politischen Handelns, politischer Symbolik oder politischer Äusserungen erfassen. Hierin steckt wohl die grösste Krux des Konzeptes der politischen Kultur. Ob als abhängige oder als unabhängige Variable betrachtet, politische Kultur ist stets nur mittelbar erschliessbar und deutbar. Dies spricht wiederum dafür, politische Kultur als Begriff eng zu fassen, so dass die Blackbox der Deutungsunschärfe minimiert werden kann.

Dieses Plädoyer für eine Eingrenzung des Begriffes hat nur einen Hintergrund: die empirische Einlösbarkeit in der Forschungspraxis. Als Zwischenfazit kann aus obigen Erörterungen eine theoriegeleitete forschungspraktische Vorgehensweise skizziert werden, welche aber als Heuristik und nicht als Patentrezept zu verstehen ist: An erster Stelle steht bei der historischen Erforschung politischer Kultur die induktive Umgrenzung von Trägerkollektiven, eng verknüpft mit der Bestimmung der Merkmale einer spezifischen politischen Kultur. Hierbei geht es nicht nur darum, die strukturellen Faktoren aufzuzeigen, sondern gleichzeitig die kulturelle Verarbeitung derselben hin zu Wertvorstellungen und politischen Ordnungsvorstellungen zu verfolgen. Auf dieser Basis erst kann politische Kultur schliesslich in ihrer Rolle und Bedeutung als unabhängige Variable untersucht und ihr Erklärungsgehalt für einen Sachverhalt – wie zum Beispiel die Durchsetzung der direkten Demokratie in Schweizer Kantonen – überprüft werden. So wird denn auch deutlich, dass der Variable politische Kultur im theoretischen Konzept eine Schlüssel- oder vielmehr eine Scharnierrolle zufällt: Sie bildet die Relaisstelle zwischen Struktur und (politischer) Handlung, zwischen Repertoire und Aktualisierung desselben. Dietmar Schirmer spricht im Zusammenhang mit dem Begriff der politischen Kultur anstatt von Scharnierfunktion denn gar von einer stattfindenden Triangulation zwischen Struktur, Kultur und Handeln.[25]

---

[22] ebd., S. 417–420.
[23] Siehe dazu das Fazit von Seitz (1997), S. 270–274.
[24] Verstanden im Sinne von Elkins/Simeon (1979), siehe oben.
[25] Dietmar Schirmer, Vom schwierigen Verhältnis von „Kultur" und Politikwissenschaft, in: Werner Rossade et al. (Hrsg.), Politik und Bedeutung. Studien zu den kulturellen Grundlagen politischen Handelns und politischer Institutionen, Wiesbaden 2002, S. 17–26, hier S. 24.

Wo liegt nun die Bedeutung des Erörterten für die Erforschung der direkten Demokratie? Erstens – um das Pferd diesmal beim Schwanz aufzuzäumen – ist die Frage, inwiefern die Durchsetzung der direkten Demokratie und die Institutionalisierung dieser Partizipationsinstrumente von der politischen Kultur bedingt sind, von zentralem Interesse. Dank einer analytischen Trennung von Institutionen und politischer Kultur wird der Blick freigegeben auf die oft konfliktreichen Auseinandersetzungen zwischen Ordnungsvorstellungen und den herrschenden politischen Regelsystemen, respektive auf das Streben, beide zur Deckung zu bringen. Dies sei am Beispiel des Kantons Aargau kurz exemplifiziert: Die Frage, weshalb zwischen 1852 und 1870 das direktdemokratische Instrumentarium institutionalisiert wurde, lässt sich ohne Betrachtung der politischen Ordnungsvorstellungen verschiedener Gruppen sowie ohne detaillierte Würdigung der Auseinandersetzungen derselben mit dem herrschenden repräsentativen System kaum hinreichend beantworten. Ebenso gilt es, die Interdependenzen zwischen der schrittweisen Institutionalisierung der direkten Demokratie und dem politisch-strategischen Handeln der kollektiven Akteure ins Auge zu nehmen. So nützte beispielsweise die katholische Opposition im Jahre 1862 das bereits bestehende Abberufungsrecht des Grossen Rates (Parlament) um Druck auszuüben auf den Ausbau direktdemokratischer Instrumente. 1868 gelang es denselben Leuten mittels Volksbegehren eine Verfassungsrevision auszulösen, welche vorab dem weiteren Ausbau der direkten Demokratie, konkret der Einführung des obligatorischen Gesetzesreferendums, diente.[26]

Schliesslich erlaubt der Fokus auf den wie oben hergeleiteten Begriff der politischen Kultur auch, die Trägerkollektive direktdemokratischer Ideen induktiv zu umgrenzen und zu bestimmen. Auf den Kanton Aargau bezogen heisst dies nichts anderes, als dass die normative politische Einheit „Kanton" als Untersuchungsebene aufgelöst wird und man stattdessen auf die Suche nach Kollektiven mit gemeinsamer politischer Kultur geht. Betrachtet man politisches Handeln, politische Symbolik und politische Äusserungen als valide Indikatoren für politische Kultur, so bilden Momente verdichteten politischen Austausches gute Ansatzpunkte zur induktiven Umschreibung. Diese dichten politischen Ereignisse sind im Kanton Aargau mit den verschiedenen Verfassungsrevisionen gegeben. Speziell sei hier auf die besonders intensive und diskursive Revision zwischen 1839 und 1841 hingewiesen.[27] So lassen sich anhand der Verfassungsbittschriften jener Jahre deutliche inhaltliche wie argumentative Bruchlinien festmachen, welche durch den Kanton gehen. Der westliche, reformierte, altbernische Kantonsteil lässt sich bezüglich Forderungen und Argumenten vom nördlichen und östlichen, katholischen Kantonsteil unterscheiden. Doch auch die katholischen

---

[26] Siehe dazu Heinrich Staehelin, Geschichte des Kantons Aargau 1830–1885, Baden 1978, S. 129–136, sowie Arni (2003), S. 16.
[27] Näheres bei Marco Arni, Die katholische Opposition im aargauischen Verfassungsstreit 1839 bis 1841, unveröffentlichte Lizenziatsarbeit, Baden 2002.

Gebiete weisen wiederum Differenzen untereinander auf, welche mehr sind als blosse Nuancen, welche auf unterschiedliche Ordnungsvorstellungen oder eben *mind sets* verweisen. Mit dieser Feststellung beginnt – in Anlehnung an Elkins und Simeon – die konkrete Bestimmung der Faktoren, welche dazu führten, dass innerhalb des Kantons Aargau unterschiedliche und unterscheidbare Trägerkollektive politischer Kultur anzutreffen sind. Die Erforschung der Durchsetzung der direkten Demokratie kann so auch einen Beitrag dazu leisten, die politische Topographie einer Region zu verfeinern, respektive von der Schwarzweissmalerei in konturiertere Grauabstufungen zu gelangen.

Politische Kultur als Schlüsselbegriff führt also dazu, jeden Fall aus historischer Perspektive als Einzelfall, als Fallstudie zu behandeln. Es gibt weder ein Schema, wie sich kollektive Annahmen und Vorstellungen über Politik formen und in welchen Räumen dies geschieht, noch ist die Wirkungsweise politischer Kultur schematisch. Wie die kollektiven politischen Vorstellungen aktiviert, aktualisiert und in Handeln umgesetzt werden, dies ist und bleibt situationsbedingt, nicht aber beliebig. Mit einer solchen Herangehens- und Betrachtungsweise erscheint direkte Demokratie nicht bloss als ein Set spezieller Institutionen, sondern direkte Demokratie wird zu einem kultur- und sozialgeschichtlichen Forschungsgegenstand. Der Weg zur direkten Demokratie wird so beschreibbar als Weg von auf vielschichtige Weise geformten Weltdeutungen und Ordnungsvorstellungen zu durch politisches Handeln und in der Auseinandersetzung mit bestehenden Institutionen und konkurrierenden Weltdeutungen geronnenen Institutionen, welche wiederum den Rahmen für neue Ordnungsvorstellungen und für neues politisches Handeln formen. Direkte Demokratie erscheint so als etwas Gedachtes und Gemachtes, als etwas Konfliktives und Kreatives, und sie verliert den Nimbus, welcher sie im heutigen politischen Alltagsverständnis oft umgibt.

RENÉ ROCA

Die Entwicklung direktdemokratischer Strukturen am Beispiel des Kantons Luzern (1830–1848)

1. Einleitung

Auch im Kanton Luzern nahm im Verlaufe der 1820er Jahre die Kritik an den bestehenden Verhältnissen zu. Bei der sich bildenden Volksbewegung nahm die Landwirtschaftlich-ökonomische Gesellschaft eine zentrale Rolle ein. Die Gesellschaft, die liberales Gedankengut verbreitete, war besonders in der Landbevölkerung verankert und trug so zur Politisierung der Luzerner Landschaft bei. Die Mitglieder förderten die Verbesserung der allgemeinen Lesefähigkeit und den Ausbau des Schulwesens und pflegten enge Beziehungen zur Gemeinnützigen und zur Helvetischen Gesellschaft.

Ein Resultat dieser gesellschaftlichen Politisierung war, dass in Luzern das oligarchische System der Restaurationszeit bereits 1829 mit der „Neu umschriebenen Verfassung" aufgebrochen wurde. Diese Verfassungsrevision brachte allgemein zwar eine Verbesserung der rechtsstaatlichen Struktur, doch die Luzerner Bürger und vor allem die Landbevölkerung blieben nach wie vor von der politischen Entscheidungsfindung ausgeschlossen. Die Bürger erhielten kein Mitspracherecht und das Prinzip der Volkssouveränität wurde nicht in der Verfassung verankert. Das konnte viele nicht befriedigen. So nahm die Opposition der Landschaft gegen die weiter bestehende Vorherrschaft der Stadt stetig zu. Die Luzerner Volksbewegung setzte sich vor allem aus Bauern, den Bewohnern der kleinen Landstädte (z.B. Sursee) und Dörfer sowie aus dem landschaftlichen Unternehmertum zusammen, schreckte aber vorerst nicht davor zurück, sich auch mit Liberalen der Hauptstadt zu verbünden.

2. Die repräsentativ-liberale Verfassung von 1831

Am 21. November 1830 fand in Sursee eine Volksversammlung statt, die den Protest bündelte und eine Bittschrift an die Regierung und den Grossen Rat verfasste. Der Grosse Rat gab schliesslich unter dem fortgesetzten öffentlichen Druck nach und stimmte der Wahl eines Verfassungsrates zu. Der dann liberal dominierte Verfassungsrat ging sofort an die Arbeit und forderte das Luzerner Wahlvolk auf, schriftlich Änderungsvorschläge einzubringen. Erstmals tauchten Eingaben auf, wie man die Gesetzgeber direktdemokratisch besser kontrollieren könnte. So wurde zum Beispiel eingebracht, dass man die Gesetze den Gemeindebeamten zur Vernehmlassung unterbreiten oder das Volk über jene Gesetze, welche die Verfassung konkretisierten, abstimmen lassen sollte. Solche Vorschläge wurden dann aber nicht in der Verfassung integriert; dennoch war damit eine wichtige Debatte lanciert, an die man später wieder anknüpfte.[1]

Am 30. Januar 1831 stimmten die Bürger des Kantons Luzern über die neue Verfassung ab, die eine deutliche Mehrheit fand. In der Folge dankte das restaurierte, patrizische Regime ab. Luzern besass nun eine demokratisch-repräsentative Verfassung. Sie beinhaltete als einziges direktdemokratisches Element, dass die Initiative auf Totalrevision der Verfassung nicht nur auf den Grossen Rat beschränkt war, sondern auch vom Volke ausgehen konnte. Eine solche durfte allerdings erst nach einer Frist von zehn Jahren in Angriff genommen werden.[2] Im Februar wählte das Volk schliesslich mittels eines neuen direkteren Wahlverfahrens den Grossen Rat, in dem die liberal Gesinnten eine Mehrheit erhielten.

3. Der konservativ-demokratische Umbruch 1839–1841

Nach der Ablehnung der Bundesrevision von 1833 forcierten in Luzern Regierung und Grosser Rat den Ausbau von staatskirchlichen Strukturen. Die liberale Kirchenpolitik schloss sehr direkt an die Vorstellungen des Patriziates im 18. Jahrhundert an. Dadurch kamen die katholischen Liberalen Luzerns mit der monarchisch-universalen Gewalt Roms immer mehr in Konflikt. Dieser Prozess wurde 1834 mit der Annahme der Badener Artikel vertieft, was auf eine völlige Unterwerfung der katholischen Kirche unter den Staat hinauslief. Einerseits radikalisierten sich nun viele Liberale gerade in Kirchenfragen, andererseits verstärkte sich in der breiten Bevölkerung das Misstrauen gegenüber dem liberalen Regime, und die konservativ-demokratische Gegenbewegung erhielt Aufwind.

1831 hatten die Luzerner Verfassungsväter, wie beschrieben, in ihrem Grundgesetz verankert, dass dieses spätestens nach zehn Jahren revidiert werden darf. Wenn nach Ablauf dieser Frist der Grosse Rat oder fünfhundert Aktivbürger aus mindestens der Hälfte der Wahlkreise des Kantons eine Revision verlangten, so müsse dieses Begehren dem Volk zur Abstimmung vorgelegt werden.[3] Falls dann die absolute Mehrheit der Bürger für die Revision stimme, müsse ein Verfassungsrat gewählt werden.

Etwa zwei Jahre vor Ablauf dieser Frist (30. Januar 1841) entbrannte bereits der Revisionskampf. Die Revisionsdebatte erhielt im Pressewesen ein breites Echo. Konservative und Liberale bedienten sich während der Debatte zunehmend der gedruckten Medien und versuchten, die öffentliche Meinung in ihrem Sinne zu beeinflussen.

---

[1] Vgl. Heidi Bossard-Borner, Im Bann der Revolution. Der Kanton Luzern 1798–1831/50, Luzern 1998, S. 395f.
[2] Vgl. § 60f. der Staats-Verfassung von 1831, in: Sammlung der Gesetze und Regierungs-Verordnungen für den Kanton Luzern, Erster Band, Luzern 1831, S. 27f.
[3] Vgl. § 61 der Verfassung von 1831, ebd., S. 27.

Der radikale „Der Lueg ins Land" lancierte als erstes Presseorgan die Revisionsdebatte. Am 5. April 1839 erschien in Luzern die erste Nummer dieser anonym redigierten Zeitung. Der konkrete Forderungskatalog hinsichtlich der Verfassungsrevision beinhaltete direkte Wahlen, Rechtsgleichheit, Bildung der Jugend, freie Meinungsäusserung, Petitionsrecht, freie Volkswahl der Behörden und der Beamten.[4] Dazu kamen Forderungen nach mehr direkter Demokratie: „[Der ‚Lueg ins Land'] ist der Ansicht, das Volk bedürfe keines Vormundes und daher müsse es im Jahr 1840 eine volksthümliche Verfassung geben."[5] Der „Lueg ins Land" grenzte sich klar von der Idee einer unrealistischen luzernischen Landsgemeinde ab und favorisierte als erste öffentliche Stimme Luzerns das Gesetzesveto als direktdemokratisches Instrument.[6] Die bereits bestehende Möglichkeit einer Verfassungsinitiative (Totalrevision) müsse unbedingt ergänzt werden durch dieses Instrument, da der Grosse Rat sonst – wie Beispiele aus der Vergangenheit zeigten – Verfassungsangelegenheiten einfach auf der Gesetzesebene abhandle.[7]

Somit stellte der „Lueg ins Land" als erstes Presseorgan die zentrale Position der Liberalen für eine repräsentative Demokratie in Frage. Die radikale Zeitung grenzte sich aber auch gegen die konservativ-demokratische Seite ab, die ihr zu ultramontan daherkam.

Die Hauptfeinde des „Lueg ins Land" waren aber die an den Schalthebeln der Macht sitzenden Vertreter der repräsentativen Demokratie, die als Sprachrohr den „Eidgenossen" herausgaben. Die Luzerner Liberalen oder das sogenannte „liberale Dreissiger-Regime" charakterisierte der „Lueg ins Land" mit dem Begriff der „Geistesaristokratie":

„Wir verstehen darunter das Streben der sogenannten oder wirklich Gebildeten, wie wir sie haben, sich allein an die Stelle des Volkes zu setzen, die das Volk als Pöbel, d.h. als eine grundverdorbene, zu allem Schlechten fähige Masse betrachten. Wir verstehen unter Geistesaristokraten die Männer, die noch nicht wissen, dass es in einer Republik kein Pöbel und keine Herrscher, sondern nur ein sich selbst regierendes, freies, gleichberechtigtes Volk geben soll."[8]

Diese Angriffe blieben nicht ohne Folgen. Wegen angeblicher Verletzung der Amtsehre strengte der Luzerner Stadtrat Ende 1839 einen Presseprozess gegen den „Lueg ins Land" an. Die erst acht Monate alte Zeitung wurde in der Folge niedergekämpft und stellte das Erscheinen ein.

Auf konservativer Seite nahm Joseph Leu, Grossbauer und Grossratsmitglied, das vom „Lueg ins Land" ins Spiel gebrachte Kampfmittel der Verfassungsrevision auf. Nachdem der Grosse Rat diverse Anträge Leus abgelehnt hatte, verleg-

---

[4] Der Lueg ins Land, 15. August 1839, Nr. 20.
[5] Der Lueg ins Land, 5. April 1839, Nr. 1
[6] Der Lueg ins Land, 20. Juni 1839, Nr. 12.
[7] Vgl. ebd.
[8] Der Lueg ins Land, 26. April 1839.

te sich dieser vor allem auf eine ausserparlamentarische Opposition und mobilisierte seine Anhängerschaft über ein kantonales Netz von sogenannten „Gebetsvereinen". Die Verfassungsrevision stand nun im Mittelpunkt der Forderungen. Die Leu-Bewegung begann im Februar 1840 mit einer kantonalen Unterschriftensammlung, der sogenannten „Hornerpetition", die eine Verfassungsrevision verlangte und konkrete Forderungen einbrachte. Die Forderungen betrafen vor allem die Konkretisierung der Volkssouveränität und die Stärkung sowie den Schutz der katholischen Religion. Als konkretes direktdemokratisches Mittel wurde das vom „Lueg ins Land" ins Spiel gebrachte Gesetzesveto gefordert.

Auch die Liberalen strengten noch im Februar eine Unterschriftensammlung für eine Petition an. Sie schlossen sich – unter Zugzwang stehend – grundsätzlich der Forderung nach einer Verfassungsrevision an, wollten aber nur partiell einige Verfassungsartikel verbessern. Im Vergleich zur liberalen Petition erreichte die konservative dreimal mehr Unterschriften. Beide Lager hatten inzwischen ein „Zentralkomitee" gegründet, welches die Aktivitäten koordinieren sollte.

Die Februarpetitionen von 1840 wurden auf die März-Session des Grossen Rates eingereicht. Mit 70 zu 26 Stimmen beschloss der Grosse Rat, die Frage einer Verfassungsrevision dem Volke nach dem 30. Januar 1841 vorzulegen.

Die Revisionsdebatte wurde nun immer heftiger. Am 25. Mai 1840 versammelte sich in Sempach die „Gesellschaft für vaterländische Kultur". Über 250 Männer nahmen an dieser grossen liberalen Versammlung teil. Der liberale Jurist Kasimir Pfyffer stellte im Hinblick auf eine kommende Verfassungsrevision die liberalen Forderungen vor, so wie sie auch in der Petition eingebracht worden waren. Nach wie vor traten die Liberalen allenfalls für eine Partial-Revision der Verfassung ein. Von direkter Demokratie wollte man nichts wissen. Das Volks- oder Gesetzesveto, so Pfyffer, sei unnötig und in einer repräsentativen Verfassung geradezu eine „Abnormität"; ebenso sei das Referendum (das heisst, eine obligatorische Volksabstimmung über alle Gesetzesänderungen) abzulehnen, da sonst der Grosse Rat überflüssig würde. Das Volk möge alle ihm nötig und gut erscheinenden Verbesserungen in die Verfassung aufnehmen, doch möge es sich vor dem Ultrademokratismus und dem Ultramontanismus hüten, die letztlich zu einer „Ochlokratie", resp. „Theokratie" führten.

Die erfolgreiche Ruswiler Versammlung der Konservativen vom 5. November 1840 sollte drei Monate vor der Abstimmung über eine Verfassungsrevision die Kantonsbevölkerung zusätzlich mobilisieren. Zweifellos profitierten die Konservativen von einer verbreiteten Unzufriedenheit, die sie über ihre „Basisgruppen", das hiess vor allem über die Gebetsvereine, auffingen und gegen das liberale Regime bündelten.[9]

---

[9] Vgl. René Roca, Bernhard Meyer und der liberale Katholizismus der Sonderbundszeit. Religion und Politik in Luzern (1830–1848), Bern 2002, S. 133–138.

Am 31. Januar 1841 stimmte das Luzerner Volk deutlich dem Begehren zu, die Verfassung zu revidieren. Am 11. März wurde gemäss der Verfassung von 1831 (§ 61) ein Verfassungsrat gewählt. Die meisten Wahlkreise wählten konservativ. Im Verfassungsrat sassen schliesslich von insgesamt hundert Mitgliedern nur sieben liberale. Dies bedeutete auch, dass die Forderung nach mehr direkter Demokratie im Luzerner Grossen Rat nun eine Mehrheit hatte.

Eine Kommission bereitete den Verfassungstext vor, der dann im Verfassungsrat debattiert wurde.

Bereits die ersten beiden Artikel machten klar, dass man das repräsentative System durchbrechen wollte. Es sollte nicht mehr heissen, der Kanton Luzern sei „ein Freistaat mit einer demokratisch-repräsentativen Verfassung", sondern nur noch, er sei „ein demokratischer Freistaat". Die Souveränität beruhe, so der Paragraph zwei des Kommissionsvorschlages, in der Gesamtheit des Volkes. Den Zusatz der 31er Verfassung (§ 3), das Volk übe die Souveränität durch seine ernannten Stellvertreter aus, liess man weg.

Dagegen wehrte sich verzweifelt die liberale Minderheit im Verfassungsrat. Kasimir Pfyffer unterstellte der Kommission, sie wolle eine „Landsgemeindedemokratie" einführen, was im Kanton Luzern gar nicht möglich sei. Pfyffer, der für die Beibehaltung des Paragraphen 1 der alten Verfassung plädierte, kolportierte damit ein liberales Argumentationsmuster, das in der Demokratiediskussion immer wieder auftauchte. Direkte Demokratie wurde gleichgesetzt mit der vormodernen Landsgemeinde-Demokratie. Dies strebten die Konservativen im Verfassungsrat aber nicht an, da ihnen sehr wohl bewusst war, dass eine Landsgemeinde im Kanton Luzern unmöglich war. Sie plädierten im Grunde für eine halbdirekte Demokratie, die gewisse Volksrechte in der Verfassung verankerte, um Regierung und Parlament zu kontrollieren und wenn nötig zu korrigieren.

Dementsprechend hiess dann § 27 der neuen Verfassung:

> „Das souveräne Volk übt seine Souveränitätsrechte theils unmittelbar durch seine stimmfähigen Bürger selbst, theils überträgt es deren Ausübung seinen Stellvertretern."[10]

Da die Konservativen im Verfassungsrat eine deutliche Mehrheit besassen, kamen sie mit allen Vorschlägen mehr oder weniger durch. Das liberale Dogma der repräsentativen Demokratie wurde konkret mit der Einführung verschiedener Volksrechte durchbrochen:

1. Die Verfassungsväter führten die Volksinitiative auf Total- oder Partialrevision der Verfassung ein, was nicht mehr wie bei der 31er Verfassung erst nach

---

[10] Staatsverfassung 1841, in: Sammlung der Gesetze und Regierungs-Verordnungen für den Kanton Luzern, Sechster Band, Luzern 1841, S. 198.

zehn Jahren, sondern jederzeit über sogenannte „Revisionsgemeinden" durchgeführt werden konnte.

2. Falls der Grosse Rat Veränderungen in der Verfassung vornehmen sollte, war eine Abstimmung in allen Gemeinden obligatorisch.

3. Der Verfassungsrat entschied sich weiter für die Einführung des Gesetzesvetos.[11]

Die Luzerner Stimmbürger nahmen die Verfassung am 1. Mai 1841 schliesslich deutlich an.

Die am 23. Mai auf Grund der neuen Verfassung vorgenommenen Gesamterneuerungswahlen des Parlamentes führten zu einer drückenden Mehrheit der Konservativen. Wie bereits im Verfassungsrat gehörten nur noch sieben Liberale dem 100köpfigen Grossen Rat an.

Neben der beschriebenen Differenzierung der Volkssouveränität, war es den Konservativen im Verfassungsrat ein Anliegen, die katholische Religion zu stärken. Während in der 31er Verfassung die Religionsfrage in Paragraph 2 mit einem Satz abgehandelt wurde („Die christkatholische Religion ist die Religion des Staats und des Kantons."[12]), widmete sich die 41er Verfassung sehr ausführlich dem Verhältnis von Staat und Religion. So konnte der Staat bei kirchlichen Erlassen und Verordnungen kein Plazet mehr aussprechen, sondern besass nur noch das Recht auf Einsichtnahme (sog. Visum).[13]

Im Verfassungswerk schien die Religion insgesamt gegenüber der Volkssouveränität das Primat zu besitzen. In diese Richtung weist auch ein am 25. August 1841 in lateinischer Sprache verfasstes Schreiben des neuen konservativ dominierten Regierungsrates an den Papst. Auf päpstlichen Wunsch legte man dem Schreiben die neue Verfassung bei. In etwas unterwürfiger Manier gelobte man, das geknüpfte Band der Eintracht mit der Kurie wo möglich noch fester zu knüpfen. Der schönste Ausdruck und Beweis dieser Gesinnung, so der Regierungsrat weiter, sei die neue Verfassung.

Die Kurie antwortete in einem Schreiben vom 1. Dezember 1841, sie sei zwar befriedigt, aber noch könne nicht alles in der Verfassung Stehende gelobt wer-

---

[11] Die Handhabung des Gesetzesvetos war relativ kompliziert. Ähnlich wie bei den „Revisionsgemeinden" musste in einem ersten Schritt eine Gemeindeversammlung einberufen werden, wozu ein Quorum nötig war (der sechste Teil der stimmfähigen Bevölkerung musste Begehren auf Abstimmung stellen). Die Versammlung hatte eine Abstimmung über das neue Gesetz durchzuführen, wobei nur die verwerfenden Stimmen gezählt wurden, alle anderen aber – auch die nicht teilnehmenden Enthaltungen – als Ja-Stimmen galten. Nur wenn die absolute Mehrheit der Kantonsbevölkerung Nein sagte, war das Gesetz vom Tisch. Bis 1848 gab es im Kanton Luzern insgesamt vier Vetobewegungen, aber es gelang nie, die bekämpften Gesetze zurückzuweisen.

[12] Staatsverfassung 1831, in: Sammlung der Gesetze und Regierungs-Verordnungen für den Kanton Luzern, Erster Band, Luzern 1831., S. 9.

[13] Vgl. Staatsverfassung 1841, in: Sammlung der Gesetze und Regierungs-Verordnungen für den Kanton Luzern, Sechster Band, Luzern 1841, S. 191f.

den, da die kirchliche Gewalt noch allzu sehr durch den Staat beschränkt sei. Die Antwort missfiel dem Regierungsrat, denn man hatte mehr Lob für die „religiöse Erneuerung" erwartet. Die Entwicklung der Demokratie von einem Repräsentativ-System hin zu einer direkteren Form verschwieg man im Schreiben tunlichst. Bei genauerem Studium der beigelegten Verfassung sprang aber wohl der Kurie gerade dieser Widerspruch zu ihrem eigenen absolutistischen System ins Auge. Die Luzerner Verfassungsväter, die nun Regierungsposten bekleideten, gaben sich in diesem Punkt etwas naiv, sass doch noch immer der antimodernistische Papst Gregor XVI. (1765–1846) auf dem Stuhle Petri, für den Volkssouveränität und Gewaltenteilung nach wie vor Teufelswerk waren. Die enge Verbindung von Katholizismus und Demokratie bot den Liberalen bis zum Sonderbundskrieg viele Angriffsflächen für eine polemische Gegenpropaganda.

4. Schlusswort

Zum Schluss soll die Frage, wie sich direktdemokratische Strukturen im Kanton Luzern durchgesetzt haben, zusammenfassend beantwortet werden:
 1. Träger: Während der Verfassungsdebatte von 1830/31 wurden aus der Bevölkerung erstmals Vorschläge eingebracht, dass die Verfassung mit direktdemokratischen Rechten ausgestattet werden soll. Diese Diskussion hatte wohl die landwirtschaftlich-ökonomische Gesellschaft und weitere ländliche Aufklärungssozietäten (wie Lesegesellschaften etc.) angeregt. Der radikale „Lueg ins Land" initiierte die Verfassungsdebatte von 1839–41 und brachte als erstes Presseorgan den Vorschlag ein, die Verfassung mit direktdemokratischen Instrumenten zu ergänzen. Die konservative Bewegung um Joseph Leu nahm diese Idee auf und setzte sie durch, nicht zuletzt um gegen künftige liberale Mehrheiten im Grossen Rat ein Disziplinierungsmittel in der Hand zu haben.
 2. Theoretische und traditionelle Wurzeln: Die landwirtschaftlich-ökonomische Gesellschaft und später auch der radikale „Lueg ins Land" argumentierten mit dem modernen Naturrecht. „Der Lueg ins Land" konstatierte, die Revolution sei noch nicht beendet. „Ruhe wird's nicht geben bis der Sieg der Volkssache rein durchgeführt sein wird."[14] Die Leu-Bewegung wollte zwar nicht eine „Landsgemeinde-Verfassung" einführen, wohl waren aber die Kantone, die traditionell eine Landsgemeinde kannten, Vorbild. Auch standen die Luzerner Konservativen mit den Landsgemeinde-Kantonen in einem regen Austausch. Die Veto-Gemeinden könnten ihre Entsprechung auch in der spezifischen Volkssouveränität Graubündens haben.[15]
 3. Mittel: Die Debatte für eine Verfassungsrevision war entscheidend. Die konservativen Demokraten verlegten sich ab 1839 auf eine ausserparlamentari-

---

[14] „Der Lueg ins Land", 5. April 1839, Nr. 1.
[15] Vgl. Baumgartner, Jakob Gallus: Ursprung des schweizerischen Veto, in: Schweizer-Zeitung, Nr. 17, 20. Oktober 1842.

sche Opposition und erreichten mithilfe der Gebetsvereine einen hohen Mobilisierungsgrad. Die religiöse Frage emotionalisierte die Debatte zusätzlich.

4. Folgen: In der Krisenzeit der Regeneration (1839–1841) gelang es in der Schweiz nur der Opposition im Kanton Luzern, ihre Vorstellungen mit einer Totalrevision der Verfassung durchzusetzen, eine Mehrheit in Exekutive und Legislative zu erlangen und diese zu konsolidieren. Fortschrittlich war die Verallgemeinerung des Wahlrechtes, die Abschaffung des 1831 noch beibehaltenen Zensus, die Vorschrift der periodischen Integralerneuerung der Behörden und die Einführung verschiedener Volksrechte. Insgesamt war die Absage an das Repräsentationsprinzip eindeutiger und schärfer als in den Verfassungen von St. Gallen (1831) und Baselland (1833).

Die Luzerner Demokratie entwickelte sich nicht wie von den Liberalen befürchtet zu einer „Ochlokratie". Ganz im Gegenteil, die Bürger missbrauchten ihre neuen Rechts- und Machtmittel nie gegen die Regierung und Verfassung. Vielleicht war diese Erfahrung der Grund, wieso 1848 – im Zuge einer neuerlichen Verfassungsrevision nach dem Sonderbundskrieg – der liberal geprägte Grosse Rat unter anderem das Gesetzesveto beibehielt.

GERHARD KLEIBER

Die journalistische Tätigkeit F. A. Langes im Kanton Zürich 1866–1870: Voraussetzungen und Konsequenzen

Die Rolle, die der „Winterthurer Landbote" in der Bewegung zur Totalrevision der Verfassung des Kantons Zürich gespielt hat, gilt bei allen Beobachtern und Historikern bis hin zum „Handbuch der Schweizer Geschichte" als wichtig für den Erfolg dieser direktdemokratischen Bestrebungen.[1]

Im Dezember 1866 war Friedrich Albert Lange in die Redaktion dieser von seinem Freund Salomon Bleuler – Hausheer herausgegebenen Tageszeitung eingetreten und Mitinhaber der Firma geworden. Bleuler hat sich in seinem Nachruf auf Lange, den er im Januar 1876 im „Landboten" veröffentlichte, dazu wie folgt geäussert:

„Die Niederlassung Langes in Winterthur ist als einer der wichtigsten Faktoren für die Vorgänge des Jahres 1867 zu betrachten."[2]

Hier stellt sich nun die Frage, wie ein deutscher Philologe und Philosoph, denn nichts anderes war Lange aufgrund seines Studiums, dazu kommt, eine derartige Rolle in einem Schweizer Kanton zu spielen, welche Voraussetzungen er dafür mitbrachte und welche Konsequenzen dies hatte. Zu ihrer Beantwortung ist es notwendig, zuerst einen Blick auf die Vorgeschichte Langes zu werfen.

1828 in Wald bei Solingen im Rheinland als Sohn des ev.-reform. Pfarrers Johann Peter Lange geboren, kam Lange 1841 nach Zürich, da sein Vater auf einen dortigen theologischen Lehrstuhl berufen wurde. Er gelangte auf dem Zürcher Gymnasium in eine Klasse mit Salomon Bleuler, den späteren Nationalratspräsidenten Gottlieb Ziegler[3], Staatsschreiber Bosshard, Erziehungs- und Kirchenratssekretär Meyer und Pfarrer Kambli. Nach der Maturität studierte Lange wie seine Freunde Theologie ferner Philologie und Mathematik. Nach

---

[1] S. Bleuler: Friedrich Albert Lange. Eine biographische Skizze und Erinnerung an die Verfassungsreform. Der Landbote Nr. 2–11, 1876. O. A. Ellissen: Friedrich Albert Lange. Eine Lebensbeschreibung. Leipzig 1891, S.164–185. A. Gross: Die Volksinitiative - Zu den Renovationsmöglichkeiten eines avantgardistischen Gesamtkunstwerks, in: Th. Dähler, A. Kölz, M. Notter (Hrsg.), Parlament, Regierung und Volksrechte, Zürich 2000 (Materialien zur Zürcher Verfassungsreform, Bd. 4), S. 75–77. G. Guggenbühl: Der Landbote 1836–1936, Winterthur 1936, S.155–210. G. Kleiber: Friedrich Albert Lange in der Schweiz, Duisburger Forschungen 51(2004), S. 59–160, bes. S. 81–95. H. von Greyerz: Die demokratische Bewegung in den Kantonen, in: Handbuch der Schweizer Geschichte, Bd. 2, Zürich 1977, S. 1059–1062.
[2] Bleuler (1876), 5.Teil.
[3] A. Locher: Gottlieb Ziegler. Ein schweizerischer Staatsmann. Winterthur 1901, S. 10–13, 41–50.

seinem Wechsel an die Universität Bonn Ostern 1848 liess er die Theologie fallen und konzentrierte sich auf Philologie, Philosophie aber auch Mathematik und Physik[4].

Er beendete sein Studium mit einer glänzenden Promotion bei Rietschl (über „Questiones metricae") und dem Staatsexamen für das höhere Lehramt, wurde Hilfslehrer in Köln und habilitierte sich für das Fach Philosophie in Bonn. Obwohl Rietschl Pädagogik als Hochschulfach ablehnte, las Lange u. a. auch über Pädagogik und verscherzte sich so das Wohlwollen dieses mächtigen Hochschullehrers. Hier zeigt sich eine Charaktereigenschaft Langes: Das einmal als notwendig und richtig erkannte, wird ohne Rücksicht auf evtl. persönliche Nachteile getan.[5]

Lange hatte inzwischen geheiratet und war auf ein regelmässiges Einkommen angewiesen. So nahm er an, als der liberale Schulrat Landfermann ihm eine Stelle am Gymnasium in Duisburg anbot. Die Jahre in Duisburg, 1858–1866, sollten für Langes Entwicklung entscheidend werden.[6]

Er wirkte 1858 als Wahlmann für das damals neue Ministerium, wurde Vorstandsmitglied im Turnverein, Mitglied des Kirchenvorstands, Mitglied im Nationalverein, Präses und Lehrer der Höheren Mädchenschule, engagierte sich im neugegründeten Konsumverein und erwarb durch öffentliche Vorträge Ansehen. Als Präses des Vorstands der Gewerblichen Sonntagsschule in Duisburg förderte er deren Ausbau zur vollständigen Handwerker-Fortbildungsschule, aus der die gewerbliche Berufsschule hervorgegangen ist.[7] Es nimmt nicht Wunder, dass auch die Schulbehörde den vielseitigen jungen Mann mit verschiedenen Gutachten beauftragte (über die Abnahme des höheren Lehrstandes in Quantität und Qualität, über eine Änderung der Lehrerprüfung).

Das Jahr 1862 brachte den von Bismarck heraufbeschworenen Verfassungskonflikt. Lange ergriff die Partei der Opposition. Ausgerechnet in der Festrede zum Geburtstag des Königs: „Die Stellung der Schule zum Öffentlichen Leben", äusserte er seine Ansicht, dass der Lehrer die Aufgabe habe, Bürger zu erziehen, dass er dies aber nur könne, wenn er selbst das Vorbild eines Bürgers abgebe.

---

[4] Bleuler (1876), 2. Teil. O. A. Ellissen (1891), S. 27–36.

[5] Ellissen (1891), S. 99–100.

[6] Als Quellen für die Lebensdaten Langes kommen in Betracht: Bleuler 1876. H. Braun: Fr. Albert Lange als Sozialökonom nach seinem Leben und nach seinen Schriften. 1. Abschnitt. Diss. phil. Halle a. d. Saale 1881. H. Cohen: Friedrich Albert Lange. In: Preussische Jahrbücher 16 (1876), S. 353–381. Ellissen 1891. F. Meili: Friedrich Albert Lange und seine Stellung zur Turnsache. Deutsche Turnzeitung 1878, Nr.1, S. 4–6, Nr. 2, S. 9–11, Nr. 3, S. 17–20. F. Weinkauff: Friedrich Albert Lange. In: Allgemeine Deutsche Biographie 17 (1893), S. 624–631. Theobald Ziegler: Friedrich Albert Lange. Allgemeine Zeitung München Nr. 286 vom 15. 10. 1891, Beilage Nr. 241. Dokumente und Briefe in Langes Nachlass im Stadtarchiv Duisburg.

[7] R. Majert: Friedrich Albert Lange als Präses der Gewerblichen Berufsschule in Duisburg (1860–1865). Duisburger Forschungen 23 (1976), S. 238–248.

Lange organisierte einen Protest des Lehrerkollegiums gegen einen Aufruf der Behörde, bei Wahlen hätten die Beamten sich regierungstreu zu verhalten. Eine gegen ihn ausgesprochene Verwarnung nahm Lange schliesslich zum Anlass, aus dem Schuldienst auszuscheiden.

Lange begann nun seine journalistische Aktivität. Er wurde im Herbst 1862 Mitredakteur der Duisburger Rhein-Ruhr Zeitung, schrieb 65 Leitartikel im „Wochenblatt für die Grafschaft Mark", die sein Verleger Baedeker herausgab und arbeitete für andere Zeitungen in Rheinland-Westfalen und für die von Sonnemann herausgegebene „Frankfurter Zeitung". So erwarb er sich eine bedeutende journalistische Erfahrung, die später seiner eigenen Zeitung und schliesslich dem „Winterthurer Landboten" zugute kommen sollte.

Er arbeitete sich in volkswirtschaftliche und handelspolitische Fragen ein, war in der Redaktion der „Rhein-Ruhr-Zeitung" für diese Probleme zuständig und vertrat im Oktober 1862 zusammen mit Julius Curtius die Duisburger Wirtschaft auf dem 2. Deutschen Handelstag in München, auf dem es um den deutsch-französischen Handelsvertrag und die Zolleinigung mit Österreich ging. Am 1. Januar wurde Lange dann Sekretär (Geschäftsführer) der Duisburger Handelskammer. In dieser Eigenschaft schrieb er zwei Jahresberichte der Kammer, die durch ihre ungewöhnliche Qualität auffielen. Wie vom Vorstand der gewerblichen Sonntagsschule zu erwarten, setzte er sich besonders für die berufliche Aus- und Weiterbildung ein. Fragen der Infrastruktur bearbeitete Lange mit weit vorausschauender Sachkenntnis.[8]

In diese Zeit fällt Langes Hinwendung zu Problemen der Arbeiter. Er erkannte, dass die in der Fortschrittspartei organisierten Liberalen viel für das wirtschaftliche Wohlergehen ihnen nahestehender Kreise, aber nichts gegen die Not der Arbeiter unternahmen. Auch von den Schulze-Delitzsch'schen Genossenschaften trennte sich Lange, weil er klar sah, dass diese immer mehr den Interessen der Handwerksmeister nutzten, aber nicht den „kleinen Leuten". Er organisierte die Duisburger Konsumgenossenschaft so, dass die Arbeiter selbst die Entscheidungen trafen und zog die Arbeiterfrauen als die eigentlich Sachverständigen hinzu. Er vertrat die Duisburger Genossenschaft auf dem Vereinstag der Deutschen Arbeitervereine und wurde später zusammen mit August Bebel und Leopold Sonnemann und anderen in den „Ständigen Ausschuss" des Vereinstages gewählt, in dem er „nach links drängte" und zwischen der Partei Bebels und den Lassalleanern eine vermittelnde Stellung einnahm.[9]

Langes Bruch mit den Liberalen hatte auch Auswirkungen auf seine journalistische Tätigkeit. Er schied aus der Redaktion der Rhein-Ruhr-Zeitung aus und beschloss, eine Zeitung für Arbeiter herauszugeben. Überlegungen, aus denen

---

[8] W. Burkard: F.A. Lange und die Handelskammer Duisburg. Niederrheinkammer 1988, S. 19–21. E. Möller: Friedrich Albert Lange. Seine Tätigkeit für die Duisburger Handelskammer. Ruhr und Rhein. Wirtschaftszeitung 9 (1926), S. 1341–1343.

[9] A. Bebel: Friedrich Albert Lange. In: Aus meinem Leben, 1. Teil, Stuttgart 1910, S. 96–100.

schliesslich der „Bote vom Niederrhein" hervorging.[10] Lange entfaltete eine rege Vortragstätigkeit auf Arbeiterversammlungen. Wegen der Gründung seiner eigenen Zeitung legte er Ende September 1864 sein Amt als Sekretär der Handelskammer nieder. Diese versuchte, ihn wenigstens als Vertreter des Kammerpräsidenten im Ausschuss für den Bau des Rhein-Weser-Kanals zu halten, was Lange jedoch ablehnte.[11]

1865 erschienen die beiden Hauptwerke Langes. Im Januar „Die Arbeiterfrage. Ihre Bedeutung für Gegenwart und Zukunft". Das Buch entstand, noch bevor das „Kapital" von Marx erschien, aus dem aktuellen Anlass der Auseinandersetzung mit den Lassalleanern. Lange nahm darin eine Analyse der sozialen Lage vor und sah in besserer Bildung, die die Arbeiter u.a. befähigen sollte, selbst für eine Besserung ihrer Lage z.B. durch die Einrichtung von Genossenschaften zu wirken, im Umdenken des Bürgertums und in staatlichen Massnahmen Möglichkeiten der Abhilfe, d.h. in einem langen Entwicklungsprozess und nicht in einer Revolution. Lange forderte die betriebliche Mitbestimmung (die "republikanische Fabrik") und machte auf die Begrenztheit der natürlichen Ressourcen aufmerksam, die der industriellen Entwicklung Grenzen setzen wird, nicht zuletzt, weil mit spärlicher werdenden Rohstoffen Kapitaleinsatz und Arbeitsaufwand immer grösser werden müssen.

Lange war mit einem Kompagnon namens Falk Inhaber einer kleinen Verlagsbuchhandlung und Druckerei geworden, so dass die „Arbeiterfrage", seine Schrift „Jedermann Hauseigentümer. Das bewährteste System englischer Baugenossenschaften für deutsche Verhältnisse bearbeitet und in seiner Verwendbarkeit für Arbeiter - Genossenschaften nachgewiesen" wie auch ein Jahr später eine weitere volkswirtschaftliche Arbeit „John Stuart Mills Ansichten über die soziale Frage und die angebliche Umwälzung der Sozialwissenschaft durch Carey" in seinem eigenen Verlag erscheinen konnten.

Ende 1865 kam bei Baedeker in Iserlohn Langes „Geschichte des Materialismus und Kritik seiner Bedeutung in der Gegenwart" heraus, das man zu Recht das einflussreichste philosophische Buch der zweiten Hälfte des 19, Jahrhunderts genannt hat. Das Werk erreichte bis 1974 zwölf Auflagen und wurde ins Englische, Französische und Italienische übersetzt.

Im ersten Teil (Geschichte des Materialismus bis auf Kant) gab Lange einen Überblick über die Rolle des Materialismus als eine Quelle menschlicher Erkenntnis und Grundlage der Naturwissenschaften, sah in Bacon und nicht in Descartes den Anfang des neuzeitlichen Denkens, liess verkannten Philosophen wie Epikur oder de la Mettrie Gerechtigkeit widerfahren und holte nebenbei Kant aus der Versenkung, in die er damals zu geraten drohte.

---

[10] G. Eckert: Friedrich Albert Lange. Über Politik und Philosophie. Briefe und Leitartikel 1862–1875, Duisburger Forschungen, 10. Beiheft (1968). G. Eckert: Der Bote vom Niederrhein. Faksimile – Nachdruck der Jahrgänge 1865 / 66. Duisburg 1968.
[11] Möller (1928), S. 1343.

Im zweiten Teil (die Zeit nach Kant) gab Lange eine kritische Übersicht über die philosophische und naturwissenschaftliche Entwicklung im 19. Jahrhundert, bei der es ihm wie auch schon im ersten Teil darum ging, Erkenntnis von Spekulation zu unterscheiden. Er kritisierte hart den wirtschaftlichen Materialismus („Lügen der Nationalökonomie") und wehrte sich gegen die liberale Ideologie, dass man zum Wohle der Allgemeinheit nur den individuellen Egoismus walten zu lassen brauche.

In dem Werk werden auch Langes naturwissenschaftliche Interessen deutlich, die ihn z.b. als Privatdozenten in Bonn mit vielen Naturwissenschaftlern und Medizinern zusammenbrachte und ihn später die Jahrestagungen der Naturforscher und Ärzte besuchen liess.[12] Der Erfolg seines Buches ist nicht zuletzt der begeisterten Aufnahme durch diese Kreise zu danken, von der z.b. die Rezension in der Berliner „Nationalzeitung" durch den Zoologen Anton Dohrn Zeugnis ablegt.[13]

In der oben erwähnten „Arbeiterfrage" findet sich auch Langes Kommentar zu Marx, von dem er sich auch durch die Ablehnung Hegels unterschied: „ Marx darf, auch abgesehen vom Gefüge seines Systems, wohl unbedenklich als der gelehrteste und scharfsinnigste Nationalökonom der Gegenwart bezeichnet werden, während wir dagegen manchem spekulativen Element seines Systems, auf das er vielleicht selbst – wie es mit Schmerzenskindern zu gehen pflegt – gerade den grössten Wert legt (so namentlich seiner Wert-Theorie), keine bleibende Bedeutung beilegen können. Es bewährt sich aber an seinem Werk auf's Neue, wie sehr die starke Seite der Hegel'schen Spekulation in seiner Geschichtsphilosophie liegt, deren Grundgedanken – die Entwicklung in Gegensätzen und deren Ausgleichung – man fast eine anthropologische Entdeckung nennen könnte. Nur freilich macht sich in der Geschichte wie im Leben des Einzelnen die Entwicklung durch den Gegensatz weder so leicht und radikal, noch so präzis und symmetrisch, wie in der spekulativen Konstruktion."[14]

Langes Arbeiterzeitung, der „Bote vom Niederrhein" hatte sich wirtschaftlich offensichtlich getragen. Er gab darin seine Sicht der Dinge und wirkte für ein demokratisches Bewusstsein seiner Leser. Als mit dem Beginn des Preussisch-Österreichischen Krieges auch die Arbeiterschaft von nationaler Leidenschaft erfasst wurde, war für den von polizeilicher Verfolgung und Presseprozessen gebeutelten Lange das Mass voll. Er sah sich gezwungen, den „Boten vom Niederrhein" einzustellen. Er begann, an eine Rückkehr in die Schweiz zu denken. Im Kreise der alten Freunde entstand Betriebsamkeit. Bleuler beschloss, Lange eine Teilhaberschaft an dem von ihm herausgegebenen „Winterthurer Landbo-

---

[12] Kleiber (2004), S. 72–77.
[13] Eckert (1968), S. 219–228. Th. Heuss: Friedrich Albert Lange, in: Anton Dohrn, 2. Aufl., Stuttgart/Tübingen 1948, S. 75–80.
[14] F. A. Lange: Die Arbeiterfrage. Ihre Bedeutung für Gegenwart und Zukunft, 4. Aufl., Winterthur 1879, S. 248–249.

ten" anzubieten. Gottlieb Ziegler holte sich Rückhalt beim Winterthurer Stadtpräsidenten Sulzer und beim Schulrat, um Lange auf eine Lehrerstelle am dortigen Gymnasium zu holen.[15]

Lange sagte zu, wurde im Dezember 1866 Mitredakteur am Landboten und Hilfslehrer am Gymnasium. Letztere Stellung hat er schon Ostern 1867 wieder aufgegeben. Er blieb aber dem Erziehungswesen in den verschiedensten Funktionen bis zu seiner Berufung nach Marburg verbunden.[16]

Lange begann seine Arbeit am Landboten zu einer Zeit, in der die Bestrebungen zur Totalrevision der Zürcher Verfassung in die entscheidende Phase kamen. Die demokratische Bewegung gewann einen Mitstreiter, der ein reiches Wissen um volkswirtschaftliche und soziale Probleme, praktische Kenntnis der damals aktuellen Infrastrukturfragen (z.B. Verkehrs- und Eisenbahnentwicklung), Erfahrung im Genossenschaftswesen und in arbeitsrechtlichen Zusammenhängen mitbrachte. Die Diskussion um Bildungs- und Schulfragen und ihre Bedeutung für die soziale und wirtschaftliche Entwicklung waren ihm geläufig. Sein wissenschaftlicher Hintergrund und seine journalistische Praxis befähigten ihn, seine Tätigkeit sofort umfassend aufzunehmen. Für ein erfolgreiches Wirken im Sinne der Demokratiebewegung waren also alle Voraussetzungen erfüllt.

Lange übernahm anfangs den „Tagesbericht", während Bleuler aus dem Kanton berichtete. Schon in kurzer Zeit wurde der Landbote nicht nur das führende Organ der demokratischen Bewegung im Kanton, sondern auch eine bedeutende Tageszeitung, deren Qualität im Inhalt wie in der äusseren Erscheinung in nichts der „Neuen Zürcher Zeitung" nachstand, die das Sprachrohr Eschers und des „Systems" war.

Langes vielfältige Kontakte zu damals bekannten Persönlichkeiten der verschiedensten Wissensgebiete und zu anderen Zeitungen, wie z.B. der „Frankfurter Zeitung", kamen dem Landboten ebenfalls zugute.

Sein grosses Interesse an allen pädagogischen Fragen hat Lange schon in seiner Duisburger Zeit zu einem Vorkämpfer der Erwachsenenbildung werden lassen. Auch im „Landboten" setzte er sich für die Erweiterung der Schulzeit im Hinblick auf die Umwälzung der sozialen und wirtschaftlichen Zustände ein. Er erkannte die Bedeutung eines entsprechenden Bildungsstandes für das Funktionieren der direkten Demokratie. Daneben nahm der „Landbote" in vielen grundsätzlichen Artikeln und Artikelserien zu den Anliegen der Demokratiebewegung Stellung, Daneben argumentierte man geschickt und stets sachkundig, wenn es um aktuelle Probleme oder von der Gegenseite ins Gespräch gebrachte Fragen ging.

Wie in Duisburg beschränkte sich Langes journalistisch-propagandistische Aktivität nicht nur auf das Schreiben von Zeitungsartikeln. Wir wissen zumin-

---

[15] Bleuler (1876), 5. Teil. Kleiber (2004), S. 118–121.
[16] Kleiber (2004), S. 123–129.

dest von Vorträgen auf den Volksversammlungen, die im Frühjahr 1872 zugunsten der Revision der Bundesverfassung abgehalten wurden.[17] Schaffner hat auf die Bedeutung hingewiesen, die ganz unpolitische Vereine für die Mobilisierung und den ungewöhnlich hohen Grad der Partizipation der Bevölkerung in den Jahren 1867 und 1868 hatten.[18] Durch seine aktive Mitgliedschaft im Turnverein, die ihn bis in den Vorstand des Kantonal-Turnvereins führte,[19] dürfte Lange auch daran Anteil haben.

Langes soziales Engagement deckte sich völlig mit Bleulers Ansichten. Die Zusammenarbeit der beiden Freunde war perfekt. Lange vertrat Bleuler, wenn dieser durch seine politischen Aktivitäten an seiner Redaktionsarbeit gehindert wurde. Das ging soweit, dass häufig einer vom anderen angefangene Artikel zu Ende schrieb, wenn dieser nicht mehr dazu in der Lage war. Auch im Falle der Proklamation zur entscheidenden Volksabstimmung am 26. Januar 1868 über die Einsetzung eines Verfassungsrats zur Revision der Verfassung war dies der Fall. Man hatte im Aktionskomitee drei Entwürfe ausgearbeitet, die alle nicht befriedigten. Man gab Bleuler die Entwürfe mit der Aufforderung, daraus die endgültige fertigzustellen. Bleuler kam heim und gab den Text Lange, der dann daraus die Proklamation formulierte. Bleuler hat in seinem Nachruf auf Lange dazu bemerkt:

> „Getadelt hat jene Proklamation niemand, aber schwierig war es wirklich, aus dem Stil auf den Verfasser zu schliessen."[20]

Wir werden uns damit abfinden müssen, nicht mehr unterscheiden zu können, wer von den beiden die einzelnen Artikel im „Landboten" jener Jahre geschrieben hat. Man kann nur davon ausgehen, dass in der „heissen Phase" der Auseinandersetzungen um die Verfassungsreform die Mehrzahl der Artikel aus Langes Feder stammten, denn Bleuler wurde immer stärker von anderen politischen Aufgaben beansprucht. Beispielhaft zeigt dies auch der Brief Langes an Anton Dohrn vom 8. April 1868.5

Ende 1867 übernahm der „Landbote" Siebers Wochenblatt „Der Unabhängige". Nach Bleulers Nachruf auf Lange war es vorwiegend der letztere, der sich um den „Unabhängigen" kümmerte, sehr bald unter Mitwirkung von Reinhold Rüegg, der 1870 auch in die Redaktion des „Landboten" eintrat und dort nach Einarbeitung durch Lange dessen Nachfolger wurde, als Lange den Ruf auf den Lehrstuhl für induktive Philosophie der Universität Zürich angenommen hatte.

---

[17] Ellissen (1891), S. 201.
[18] M. Schaffner: Vereinskultur und Volksbewegung. Die Rolle der Vereine in der Zürcher Demokratischen Bewegung, in: Gesellschaft und Gesellschaften, Bern 1982, S. 420–436.
[19] Meili 1876, S. 18.
[20] Bleuler 1876, 6. und 7. Teil.
[21] Kleiber (2004), S. 124–125.

Im „Unabhängigen" brachte Lange viele sozialpolitische Artikel, z.B. eine Serie „Die Rechte der Arbeiter" oder einen Artikel über Arbeitervereine und -genossenschaften. Er brachte auch Teile aus seiner „Arbeiterfrage" in populärer Form im sozialdemokratischen „Pionnier", der mit dem „Unabhängigen" vereinigt war.[22] Im Dezember 1868 ereilte den „Unabhängigen" das Schicksal mancher Wochenblätter, er musste eingestellt werden.

Die Entwicklung in der Schweiz und in Zürich wurde damals von den Demokraten Europas aufmerksam verfolgt. So auch von der „Frankfurter Zeitung", die von Leopold Sonnemann herausgegeben wurde, neben dem Lange einst im „Ständigen Ausschuss" des Vereinstages der Deutschen Arbeitervereine gewirkt hatte. Am 19. Dezember 1867 brachte dieses Blatt einen sehr bezeichnenden Bericht seines Berner Korrespondenten, der einen Schluss auf die Bedeutung Langes für die Demokratiebewegung zulässt:

„Heute--- werden im Kanton Zürich die grossen Volksversammlungen abgehalten, welche die von der Opposition angestrebte Verfassungsrevision vorbereiten sollen. --- Sie (die Regierenden) glauben, es fehle der Opposition an staatsmännischen Kapazitäten und zählen darauf, dass sie durch ihr geistiges Übergewicht im Verfassungsrat das meiste, was jetzt die Opposition auf ihr Programm geschrieben hat, wieder zu Fall bringen werde."[23]

Dass dies nicht eintreten würde, lag bei der Natur der leitenden Köpfe der demokratischen Bewegung nahe. Aber dennoch war die Mitwirkung Langes eine sehr wertvolle Verstärkung der demokratischen Kapazitäten. So erklärt sich auch die eingangs erwähnte Äusserung Bleulers, dass die Niederlassung Langes in Winterthur für die Vorgänge des Jahres 1867 einer der wichtigsten Faktoren gewesen sei.

Und im Nachruf der „Neuen Zürcher Zeitung" auf Lange hiess es dazu:

„Die realen Bestrebungen der damaligen zürcherischen Bewegung fand er mit seinen sozialpolit. Idealen in fast ausnahmslosem Einklang. Lange war indessen zu bescheiden, sich an die Spitze der Partei zu drängen, obwohl er die höchste Befähigung dazu hatte. Sein Enfluss war aber doch ein grosser --- Lange war ein fester, moralischer Helf- und Stützpunkt der demokratischen Partei und dass er bei freier Überwindung parteiischer Borniertheit in den heftigsten Stürmen die Fahne der wahren Demokratie hoch schwang und dem Kanton Zürich die reiche Fülle seiner Geisteskräfte widmete, dafür ist ihm jener zu hohem Dank verpflichtet." [24]

Eine weitere Konsequenz ist in der sozialen Ausrichtung der Verfassungsrevision zu sehen, die u.a. im Artikel 23 ihren Niederschlag gefunden hat:

---

[22] Bleuler (1876), Anm. zum 6. Teil.
[23] Frankfurter Zeitung Nr. 350 v. 19. 12. 1867, 1. Blatt.
[24] N. Billwiller: Friedrich Albert Lange, in: Neue Zürcher Zeitung, Nr. 25 v. 8. 12. 1875.

„Der Staat schützt und fördert auf dem Wege der Gesetzgebung das leibliche und geistige Wohl der arbeitenden Klasse, sowie die Entwicklung des Genossenschaftswesens".

Hier kam zum Tragen, dass Lange, „der wohl auch theoretisch in Sachen direkter Demokratie bewandertste unter den vielen Vätern der Zürcher Verfassung"[25] derjenige war, der auch über praktische Erfahrungen auf sozialpolitischem Gebiet aus einer Region verfügte, deren industrielle Entwicklung zu weit schlimmeren Zuständen geführt hatte, als sie im Kanton Zürich damals anzutreffen waren.

An den Schluss der Ausführungen sei der Brief gestellt, den Lange am 2. Mai 1869 an den Königsberger Philosophen Friedrich Überweg geschrieben hat und der folgende Passage über die direkte Demokratie enthält:

„Was uns die Arbeit an der Züricher Verfassung so wert machte, war hauptsächlich der Umstand, dass hier zum ersten Mal in der Weltgeschichte der Versuch vorliegt, die Demokratie auf eine rationellere Basis zu stellen, als sie einerseits die Volksversammlung und andererseits das Repräsentativsystem geben kann ---
Das neue Prinzip der Züricher Verfassung besteht einfach darin, den Volksentscheid durch Stimmkarten aller Bürger nach vorheriger, rechtzeitiger Mitteilung der Vorlagen zur Basis der gesamten Gesetzgebung zu machen und zugleich organische Bestimmungen aufzunehmen, durch welche jeder einzelne, wenn er genügenden Anklang findet, seine Vorschläge, selbst gegen den Willen der Behörde, zur Abstimmung bringen kann. Stückweise bestand die Sache hier und da schon früher. Man hat aber hier zum ersten Mal ein fein durchdachtes, organisches Ganze auf dies Prinzip basiert und somit eine neue Staatsform geschaffen, die mit Hilfe des Föderativprinzips und einer richtigen Dezentralisation auch auf die grössten Staaten anwendbar ist."[26]

Langes journalistische Arbeit am „Landboten" endete im Sommer 1870 mit seiner Berufung an die Universität Zürich. Er blieb diesem Blatt jedoch als Teilhaber und enger Freund Bleulers auch nach seiner Berufung nach Marburg bis zu seinem frühen Tod am 21. November 1875 verbunden.[27]

---

[25] Gross 2000, S. 76.
[26] Ellissen 1891, S. 185.
[27] Langes philosophisches, publizistisches, pädagogisches und sozialpolitisches Werk, allerdings meist ohne Berücksichtigung von Langes Wirken in der Schweiz, ist neben älteren Arbeiten u.a. in dem von J.H. Knoll und J. H. Schoeps 1975 herausgegebenen Sammelwerk besprochen worden, neben den Herausgebern von H.-D. Fischer, W. Grab, L. Heid, H. Hirsch, H. Holzhey, P. Irmer, W. Ley, S. Na′aman, K. Plump, H. Sass, M. Sattler, A. Weyer und mit einer Literaturliste von I. Reinecke: J. H. Knoll u. J. H. Schoeps (Hrsg.), Friedrich Albert Lange. Leben und Werk. Duisburger Forschungen Band 21 (1975). Zu Langes politischer Arbeit in der Duisburger Phase s. auch G. W. Heinemann: Friedrich Albert Lange – Der Vorrang der politischen Veränderung vor der sozialen, Frankfurter Hefte 33 (1978), S. 27–33.

SCHRIFTENREIHE DER INTERNATIONALEN FORSCHUNGSSTELLE "DEMOKRATISCHE BEWEGUNGEN IN MITTELEUROPA 1770-1850"

Herausgegeben von Helmut Reinalter

Band 1 Helmut Reinalter: Bibliographie zur Geschichte der demokratischen Bewegungen in Mitteleuropa 1770-1850. 1990.

Band 2 Helmut Reinalter (Hrsg.): Die Französische Revolution - Forschung - Geschichte - Wirkung. 1990.

Band 3 Winfried Dotzauer: Quellen zur Geschichte der deutschen Freimaurerei im 18. Jahrhundert unter besonderer Berücksichtigung des Systems der Strikten Observanz. 1991.

Band 4 Helmut Reinalter (Hrsg.): Die Aufklärung in Österreich. Ignaz von Born und seine Zeit. 1991.

Band 5 Erich Donnert: Kurland im Ideenbereich der Französischen Revolution. Politische Bewegungen und gesellschaftliche Erneuerungsversuche 1789-1795. 1992.

Band 6 Helmut Reinalter (Hrsg.): Die Französische Revolution, Mitteleuropa und Italien. 1992.

Band 7 Helmut Reinalter / Axel Kuhn / Alain Ruiz (Hrsg.): Biographisches Lexikon zur Geschichte der demokratischen und liberalen Bewegungen in Mitteleuropa Bd. 1 (1770-1800). 1992.

Band 8 Franz Biet: Die ungeschminkte Maurertugend. Georg Forsters freimaurerische Ideologie und ihre Bedeutung für seine philosophische Entwicklung. 1993.

Band 9 Helmut Reinalter (Hrsg.): Der Josephinismus. Bedeutung, Einflüsse und Wirkungen. 1993.

Band 10 Helmut Reinalter (Hrsg.): Aufklärungsgesellschaften. 1993.

Band 11 Helmut Reinalter (Hrsg.): Gesellschaft und Kultur Mittel-, Ost- und Südosteuropas im 18. und beginnenden 19. Jahrhundert. Festschrift für Erich Donnert zum 65. Geburtstag. 1994.

Band 12 Herbert Schneider: Deutsche Freimaurer Bibliothek. Teil 1: Katalog. Teil 2: Register. 1993.

Band 13 Renate Endler / Elisabeth Schwarze: Die Freimaurerbestände im Geheimen Staatsarchiv Preußischer Kulturbesitz. Bd. I Großlogen und Protektor. Freimaurerische Stiftungen und Vereinigungen. 1994.

Band 14 Helmut Reinalter (Hrsg.): Europaideen im 18. und 19. Jahrhundert in Frankreich und Zentraleuropa. 1994.

Band 15 Hans-Josef Irmen (Hrsg.): Die Protokolle der Wiener Freimaurerloge "Zur wahren Eintracht" (1781-1785). Herausgegeben von Hans-Josef Irmen in Zusammenarbeit mit Frauke Heß und Heinz Schuler. 1994.

Band 16 Gerhard W. Fuchs: Karl Leonhard Reinhold – Illuminat und Philosoph. Eine Studie über den Zusammenhang seines Engagements als Freimaurer und Illuminat mit seinem Leben und philosophischen Wirken. 1994.

Band 17 Helmut Reinalter / Karlheinz Gerlach (Hrsg.): Staat und Bürgertum im 18. und frühen 19. Jahrhundert. Studien zu Frankreich, Deutschland und Österreich. 1996.

Band 18 Renate Endler / Elisabeth Schwarze-Neuß: Die Freimaurerbestände im Geheimen Staatsarchiv Preußischer Kulturbesitz. Bd. II Tochterlogen. 1996.

Band 19 Helmut Reinalter / Anton Pelinka (Hrsg.): Die Anfänge der demokratischen Bewegung in Österreich von der Spätaufklärung bis zur Revolution 1848/49. Eine kommentierte Quellenauswahl. 1998.

Band 20 Erich Donnert (Hrsg.): Echo und Wirkungen der Französischen Revolution bei den slawischen Völkern und ihren Nachbarn. 1996.

Band 21 Joachim Hurwitz: Joseph Haydn und die Freimaurer. 1996.

Band 22 Karlheinz Gerlach (Hrsg.): Berliner Freimaurerreden. 1743-1804. 1996.

Band 23 Helmut Reinalter / Peter Leisching: Die polnische Verfassung vom 3. Mai 1791 vor dem Hintergrund der europäischen Aufklärung. 1997.

Band 24 Helmut Reinalter (Hrsg.): Der Illuminatenorden (1776-1785/87). Ein politischer Geheimbund der Aufklärungszeit. 1997.

Band 25 Helmut Reinalter / Anton Pelinka (Hrsg.): Die demokratische Bewegung in Deutschland von der Spätaufklärung bis zur Revolution 1848/49. Eine kommentierte Quellenauswahl. 1998.

Band 26 Wilgert te Lindert: Aufklärung und Heilserwartung. Philosophische und religiöse Ideen Wiener Freimaurer (1780-1795). 1998.

Band 27 Stefan Reinhardt: Die Darstellung der Revolution von 1848/49 in den Lebenserinnerungen von Carl Schurz und Otto von Corvin. 1999.

Band 28 Helmut Reinalter (Hrsg.): Republikbegriff und Republiken seit dem 18. Jahrhundert im europäischen Vergleich. Internationales Symposium zum österreichischen Millennium. 1999.

Band 29 Jörg Schweigard: Aufklärung und Revolutionsbegeisterung. Die katholischen Universitäten Mainz, Heidelberg und Würzburg im Zeitalter der Französischen Revolution (1789-1792/93-1803). 2000.

Band 30 Dmitrij Alekseevic Golicyn: Vom Geist der Ökonomisten. Russisches Beispiel eines europäischen Aufklärers. Eingeleitet, kommentiert und herausgegeben von Erich Donnert. 2001.

Band 31 Helmut Reinalter (Hrsg.): Die europäische Revolution 1848/49 in Polen und Österreich und ihre Folgen. 2001.

Band 32 Helmut Reinalter (Hrsg.): Die Anfänge des Liberalismus und der Demokratie in Deutschland und Österreich 1830-1848/49. 2001.

Band 33 Joachim Höppner/Waltraud Seidel-Höppner: Etienne Cabet und seine Ikarische Kolonie. Sein Weg vom Linksliberalen zum Kommunisten und seine Kolonie in Darstellung und Dokumenten. 2002.

Band 34 Joseph Freiherr von Hormayr zu Hortenburg: Politisch-historische Schriften, Briefe und Akten. Herausgegeben von Helmut Reinalter in Verbindung mit Dusan Uhlir. Bearbeitet von Barbara Gant und Matthias Rettenwander. 2003.

Band 35 Helmut Reinalter (Hrsg.): Die deutschen und österreichischen Freimaurerbestände im Deutschen Sonderarchiv in Mokau (heute Aufbewahrungszentrum der historisch-dokumentarischen Kollektionen). 2002.

Band 36 Aufklärung, Freimaurerei und Demokratie im Diskurs der Moderne. Festschrift zum 60. Geburtstag von Helmut Reinalter. Herausgegeben von Michael Fischer, Marita Gilli, Manfred Jochum und Anton Pelinka. 2003.

Band 37 Andreas Eschen: Das Junge Deutschland in der Schweiz. Zur Vereinsorganisation der frühdemokratischen Bewegung im Vormärz. 2004.

Band 38 Helmut Reinalter (Hrsg.): Politische Vereine, Gesellschaften und Parteien in Zentraleuropa 1815–1848/49. 2005.

Band 39 Helmut Reinalter (Hrsg.): Biographisches Lexikon zur Geschichte der demokratischen und liberalen Bewegungen in Mitteleuropa Bd. 2/Teil 1. 2005.

Band 40 Rolf Graber (Hrsg.): Demokratisierungsprozesse in der Schweiz im späten 18. und 19. Jahrhundert. Forschungskolloquium im Rahmen des Forschungsprojekts „Die demokratische Bewegung in der Schweiz von 1770 bis 1870. Eine kommentierte Quellenauswahl". Unterstützt durch den FWF / Austrian Science Fund. 2008.

www.peterlang.de